KARL KURRUS

Blib eso!

Mit Muat dur s Lebe goh,
bsinnlig un froh.
Blib eso!

Gedichte und Geschichten
in Kaiserstühler Alemannisch

Zeichnungen von Andreas Kurrus

MORITZ SCHAUENBURG VERLAG
LAHR/SCHWARZWALD

CIP-Titelaufnahme der Deutschen Bibliothek

Kurrus, Karl:
Blib eso!: Gradüs un froh! Blib eso!; Gedichte u. Geschichten in Kaiserstühler Alemann. / Karl Kurrus. – Lahr/Schwarzwald: Schauenburg, 1988
ISBN 3-7946-0251-X

Gesamtherstellung: Moritz Schauenburg GmbH & Co., KG
Graphischer Großbetrieb, Lahr/Schwarzwald

ISBN 3-7946-0251-X

Meiner lieben Familie
in allen Generationen

Inhalt

I bis VIII Gedichte

I
Natür un Heimet

II
Vu unsre Alemannesproch

III
S Lebe dur

IV

Üs schwerer Zit

V

Kritischs un dr Wohret zliab

VI

Bsinnlig

VII

In s Herrgotts Nechi

VIII

S Fest dr Liabi un s End vum Johr

IX
Gschichte üs em Lebe

Vorwort

Man spricht heute viel von einer Renaissance der Mundart. Zeitungen räumen ihr einen festen Platz ein; Liedermacher, Musikgruppen und Kabarettisten haben sich ihrer bemächtigt; bis in die Aufkleberkultur ist sie vorgedrungen. Darin liegt sicherlich eine halb bewußte, halb instinktive Reaktion gegen die wachsende Stromlinienform, die unser Leben in der modernen Massengesellschaft zu prägen droht. Und doch sind auch in der Flut der publizierten Mundart die Zwischentöne des Unechten, ja des Modischen manchmal nicht zu überhören.

Solchem Vorwurf setzt sich das Werk von Karl Kurrus nicht aus. Es ist gewachsen in Jahrzehnten selbstverständlichen Umgangs mit dem geliebten Endinger Alemannisch und erfüllt damit exemplarisch den selbstgestellten Anspruch, wie er im Titel des neuen Bandes »Blib eso« liegt.

Heimatliebe wird hier, in den neuen Gedichten ebenso wie in den älteren Texten, eindringlich beschworen. Aber es wird kein falsches Idyll ausgemalt. Die harten Seiten des ländlichen Lebens sind so wenig unterschlagen wie seine bescheidenen Genüsse. Immer wieder kreisen die Gedichte um geschichtsträchtige Fixpunkte der Heimat: Kirchen, Brunnen, Glocken, Gerätschaften des Brauchtums. Der Blick verengt sich dabei keineswegs auf die vertraute kleine Welt am Kaiserstuhl; in einer bezeichnend alemannischen Wendung ist hier bedächtige Wahrnehmung der Nähe mit einer nachdenklichen Weltoffenheit gepaart, die sich auf die Nachbarn jenseits der Grenzen und in manchen Gedichten sogar auf das Kosmische richtet. Eine Spannweite, die sich in der Vielfalt der Verse spiegelt, die vom Geläufigen und Zierlichen bis hin zum Schwerblütigen (niemals Schwerfälligen) reicht.

Ich möchte den Gedichten, die einen guten Teil von Karl Kurrus' Lebenswerk enthalten, recht viele Leser wünschen – am Kaiserstuhl und weit darüber hinaus!

Prof. Dr. Karl Kindler

I
Natür un Heimet

Natür üs dr Urkraft, as Heimet uns bschiide;
Heimet fir d Mensche, dü bisch e Stick Fride!

Dr Mensch un d Sunne

S fangt jeder Tag vu neiem a
un d Sunne schittlet obe ra
vu Liacht un Wärmi mi Seel gnua;
was z schaffe isch mian d Mensch tua.

Am Morge streckt mer d Glider üs
rüs üs em Bett, e Schritt vor s Hüs;
mer holt tiaf Luft un fihlt si gsund,
fir d Fraid uns d Dankschen gwiß e Grund.

Jetz tummli di an d Arbet z goh!
Wia glich wird d Sunne obe stoh
un z Obe goht si wider na.
E Tag kannsch halt bloß eimol ha!

Bal kumme wider d Sternli rüs
un still wird s dno in Feld un Hüs. –

Wel i mi umkehr in mim Bett,
laüfsch dü dr Boge, wia um d Wett,
un strahlsch uf d Welt im andre Teil,
hesch Tag un Nacht di Wärmi feil.

I hab halt gmeint: Dü kunnsch un gohsch. –
S isch nit e so. I gang! Dü stohsch! –
E kleine Mensch un di groß Rich!
Mi tschüderet s bi dem Verglich.

E Hämvili vu Jährli bloß
drillt d Welt mich, wia e Öliroß,
bi dir verbei, bi Tag un Nacht.
Dü schiinsch, sit dich dr Herrgott gmacht,
un witerst gwiß Millione Johr. –
Mi Zit kunnt mr erbärmlig vor.

Was nutze unsri vile Froge,
ob kleini oder großi Boge?
S kunnt halt druf a, aß jederzit
e Gschöpf in sinem Rahme blit.

Des isch jo s Wunder iberall,
uf dere Welt, im wite All,
ob Sunne, Mensch, ob Tiar, ob Gras,
s het jedes Gschöpf si göttlig Maß!

Im hoche Summer

Vum kleine Korn e Halm, wit nuf,
e gfillti Ähre obedruf,
wu d Kraft sich üs em Bode gholt:
E goldbrün Meer, wu s Feld üsmolt,
as gebs fir alli s täglig Brot. –
Eso kennt s si, wenn s d Menschheit wott!

Im hoche Summer isch jetzt d Zit,
wu d Ährefelder, breit un wit,
im Bür si flißig Werk tian lohne.
Tuat s Hagelwetter uns verschone,
isch s besti Dankscheen, wu mr wän:
An Selli denke, wu Hunger hän!

Blick am Rhin

So ganz am Rhin,
e Blick uf s Wasser –
still,
as wenn mr bete will;
e Morgegruaß
fir s Herrgotts neue Tag!

Dr Rhin,
des kann kei Grenze si!
Mir Noochbere am Rhin,
mir hiate do
des Gschenk vu dr Natur
un finde d Spur,
wia d Mensche kenne
s eigni Glick sich gstalte,
dr Fride bhalte.

E grian Stick Paradies
tuat sich do uf,
vu Strom un Matte
zua dr Wälder nuf.
E Schwanepaar isch bi dr Boot,
zmitts in,
un gar nit stört
mi frohe zfridne Sinn.

So ganz am Rhin –
I tua mi gern verwiile,
loß bi dem Blick
mini Gedanke spiele,
wu sunst dia lüti Welt
eim gar nit gunnt. –

Des isch wahrhaftig
so e großi Stund,
bim Blick am Rhin,
e prächtig Gschenk vu dr Natür!
S Herz isch im glicklig-si
do uf dr Spür!

Alemannegruaß am Rhin

Alemannisch heißt, so schwätze,
wia s im Herz um d Wohret stoht.
Mir sin keini vu dr Letze,
wu froge, wia dr Wind grad goht.

D Wohret hätt vor vile Johre
Freindschaft scho statt Not uns ge.
D Wohret schitzt vor Kriag un Gfohre.
Dodrum, Freind! Blib wach un zäh!

Jetze isch Vernumpft izoge
beidersits bi uns am Rhin.
Un mir tian s Europa woge,
well mr eifach Briader sin.

Jeder soll si'm Volk jo ghere,
s Vaterland nit schelte lo.
Jeder soll si Heimet ehre,
aber d Noochbre aü verstoh.

Un wu Grenze no vorhande,
seis üs Machtgiir, well mr g'haßt,
wän mr's mit Geduld verwandle,
aß es in des Mensch-si paßt.

Herrgott, hiat mit dinem Sege
Fride links un rechts vum Rhin,
aß mitnander unser Strebe
diant dem langersehnte Gwinn.

Loß is unsri Zuakunft boie,
aß e christlig Abendland
schenkt dr Welt e nei Vertroie! –
Dofir gen mir Herz un Hand!

D Heimet

D Heimet isch e geistig Hüs;
s Fundament sin unsri Ahne.
Un dur alli Fenster rüs,
tian si helfe, tian si mahne.

Helfe, well si vorglebt hän
s Mitenander, liab, vertroit.
Geb Gott, aß aü mir des wän!
S wird mit Ehrfurcht witerboit!

Äcker, Wälder, Hüs un Rebe,
alles ghert zua unsrem Lebe.
Doch, mit all dem Guat nit protze;
mit dr Wohret Gfohre trotze!

Dno brüchsch Falschem dich nit neige,
kannsch di Eiges muatig zeige!
Echti Freindschaft obedri;
was wil no meh zuam zfride-si?!

Heimet zwische Rhin un Schwarzwald

Kennsch dü di Heimet, liabe Freind?
E klei weng meh, aß um dr Kirchturm rum?! –
S isch nit eso, aß es e Vorwurf wär,
bloß dra erinnere, des derf mr doch,
aß grad vu dem, wu uns dr Herrgott gschenkt
in unsre Landschaft, sunnig, fruchtbar, scheen,
nit s meist as selbstverständlig gnumme wird,
un s Dankscheen ganz vergesse blibe wott.

S isch recht, wenn mr sich umluagt in dr Welt,
doch sotte mir dia Weg un Steg aü wisse,
wu, nooch drheim, fast grad vor unsre Tire,
uns ani fiahre, hi, wu s Eigeständig
gwiß wert isch, aß mr s kennt uns aß mr s schetzt.

Mänk Derfli un mänk Städtli gits bi uns,
wu d Mensche wirklig no e Heimet hän,
wu, vu drheim üs d Lit zuam Schaffe gehn,
sei s nüs uf s Feld, in s Gschäft un uf dr Boi,
wia s halt so wore isch im Laüf dr Zit,
aß es fir jede s Brot zuam Lebe git.

Wenn mänke Brunne uns verzelle kennt,
was gange isch, sitdem er s Wasser git,
s geb gwiß e Stüüne iber sovil Muat,
wu unsri Ahne gha, sich gmiaiht un gsorgt,
aß mir aü hit no e Drheime hän.
Un wiavil Neis isch kumme, in dr Zit,
sit dem dia Jingere s Heft in dr Hand!

Wenn mr mitnander hiate, s Alt un s Nei,
un acht gen, aß es guat, vernimpftig blit,
un nit e fremdi Sach dr Ton a'git,
wu halt nit zua-n-is ghert, nit zua-n-is paßt,
dno hän mr fir is selber, Kind un Kindeskind,
des, wun is Heimet isch, in Ordnung ghalte.
S wird dno vu uns emol e Erb,
wia sellemols fir uns, vu unsre Alte.

Ob Schwiilehänd vum Boi, vu Werkbank, üs em Wald,
e miade Buckel vu dr Rebe un vum Feld,
e Sorgehirni vum e plogte Kopf,
mir alli schaffe untrem himmelswite Zelt,
wun is dr Herrgott gspannt,
am Rhin her,
zwische Schwarzwald un Vogese.

Un Bruadersinn soll uns dr Fride hiate;
kei Hass un Hochmuat derf am Rhin meh wiate.
Ehrligi Noochberschaft zua Volk un Mensch,
isch s besti Fundament, wu dr je kennsch
fir heimelige Fride, do wia dert,
aß unsre Kinder mol Europa ghert.

Heimettracht

E Tracht isch s bsunder Kleid fir d Lit,
wu s grad so bloß derheime git.
Si zeigt in farbig-frohe Art,
was vu dr Ahne trei bewahrt.

Fir jedi Gegend git s e Tracht,
wu fir dia eigne Lit isch gmacht:
Rock, Schürzli, Kopfschmuck, Halstuach, Mieder,
un Mannegwand, mr kennt gli wider,
vu welem Ort der stamme tuat.
S isch nit bloß scheen, des isch aü guat.

Dno waisch, dia hän ganz bstimmt drbi
e Herz fir d Heimet. So wird s si.
Do git s e Gspräch vu selle Sache,
wun is mitnander zfride mache.

E Zsämmehalt in Wort un Liad;
git des e Wohltat uns in s Gmiat!
Jed Fest bikunnt si bsundre Glanz,
bim frohe Spil un Trachtetanz.

Jo, Trachtelit! Grad hit isch s guat,
e herzhafte Bekennermuat.
Dankscheen fir Eich! Un recht vil Fraid
fir alt un jung im Ehrekleid!

Schwarzwald

Wenn s Wuahle in dr Stadt wird z vil,
schenkt is dr Herrgott lohnend Zil,
wu herrlig si Natür uns bstellt:
noch gits im Schwarzwald heili Welt.

Wälder mit Tanne, himmelhoch mächtig;
saftigi Matte, bunt, bluameprächtig;
sunnigi Berg un Täler so wit;
einsami Plätzli am See, wus no git.

Mit Wanderfraid in dinre Brust
weckt Tanneduft dir d Lebenslust.
Mänk Schwarzwaldhüs im Sunneschii
siht gastlig üs un ladet i.

Maidli un Fraüe, nett in dr Tracht;
herzhafti Büre, was z tua isch, wird gmacht;
Fridlig verwile; froh wia e Kind,
hörsch dü dr ruuschigi Bach un dr Wind

Wer s Heimweh het no stille Stunde,
het si im Schwarzwald all no gfunde,
in sine Täler, uf dr Höh,
un bi romantisch-klare See.

Tanne, so duftig; s Grian vu dr Matte.
Pfad gits zuam wandre in dr Sunne, im Schatte.
Froh isch s Erlebe, jede Schritt, jede Blick,
bringt is im Schwarzwald e zauberhaft Glick.

Herrlig sollsch blibe, wia dr Schöpfer di bstellt.
Jetz helfe im Schwarzwald zua dr heile Welt!

Friburg

Münster,
Gotteslob vu Meister;
Wald,
wu hochi Tanne stehn;
Rebebluat
weckt frohi Geister! –
Friburg,
heimelig un scheen!

Heimet am Kaiserstuahl

Heimet isch e heilig Wort,
Ebis, wu s bloß eimol git.
Isch mr furt am fremde Ort,
Mahnt eim s Heimweh jederzit.
Eins derf bhalte alt un jung:
Trei si in Erinnerung. –
An dr sunnig warme Halde
Muaß dr Rebmann flissig si,
Kreftig d Witerrasse gstalte;
Allewil schiint d Sunne dri.
Isch dno Herbst, heißt's Biggi trage,
Sell tuasch gern, un Gsundheit sage! –
Ebis gits do aü fir s Gmiat,
Ringsum lite alti Glocke.
S Scheenst isch s Friahjohr, wenn s so bliaht,
Tuat in s Herz ni d Liabi locke.
Unsri Heimet, rich an Gobe,
Allmacht, Schepfung will si lobe.
Herzhaft-froh macht is dr Wi,
Loßt is fridlig zfride si!

S Brisacher Stephansminster

Z hechst obe ufem Berg stoht im Höchste si Hüs,
s kindet Johrhundert dr Glaübe im Land,
het Zite iberstande voll Not, Kriag un Grüß,
Isch Wächter blibe am Rhin sinem Band.

S Minster vu Brisach, mit gwaltige Tirm,
mit Langschiff un Querhüs, wit sichtbari Gstalt.
Romanisch un gotisch hets trotz vile Stirm,
wenn aü verletzt vu barbarischer Gwalt.

All'mol hän wieder mit glaübiger Kraft,
in Liab' zua dr Heimet, im Erb trei verpflichtet,
d Brisacher Birger mit Üsdüür dra gschafft,
aß s Minster so blit, wia s d Ahne errichtet.

Zuam Stüüne zwingt Inne s groß Schongauer-Bild!
Vum Weltgricht dr Richtspruch Christus verkindet,
mit Schwert un mit Lilie, aß s Guati bloß gilt!
So Ahnung un Mahnung fir uns sich verbindet.

Im Höllegemälde herrscht Abgrund un Not;
verzwiifliti Mensche, Dämone mit Kralle.
In hässlige Quale, ohni Hoffnung un Gott,
sin do dia Verdammte dr Flamme verfalle.

E Sinnbild vum Himmel, vum selige Lebe,
im göttlige Rich zeige d Engel ihr Wese,
frohlocke un singe im ewige Strebe.
Fir Kaiser wia Bür isch s Glichlig erlese.

Un vorne, dr Lettner trennt Langschiff un Chor.
E Kunst vu dr Steinmetz in bsundere Art.
Üs Maßwerk un Böge, do stellt sich uns vor,
dr Kirchepatron, vu Heil'ge umschaart.

Maria, d Müttergottis, Drekinig derbi,
mit Saüle un Gsims, vum Laübwerk umrankt.
Des kunstvolli Werk, e Predig kann s si;
mit Krizbluame z öberst im Herrgott wird dankt.

Ganz kostbar, e Kunstwerk, meisterhaft klar,
Bildschnitzer H. L. het des Gheimnis enthillt:
D Krönung Mariens am Hochaltar,
wia im Friburger Minster im Baldung si Bild.

Gottvater un Christus verleihe dert d Krone
dr anmuatig-demüetig himmlische Frau.
Dr Geist driber schwebt. Dreifaltig belohne
dia göttlige Gstalte uf ewiger Au.

Im himmlische Wind schwinge d Gwänder in Falte,
voll fraidigem Juble isch d Engelschaar.
Zwei Fligel trage heiligi Gstalte,
ergänze so d Mitti vum große Altar.

D Predella mit dr viar Evangeliste,
e bsunders lebhaft un idruckstark Bild.
E andere Kinstler will uns iberliste;
si Gsprengel no hecher as dr Minsterchor gilt.

Vor all dene Kunstwerk üs friahjere Zit,
wu d Liabi un d Opfer vu dr Alte erstrebt,
isch Achtung un Ehrfurcht agmesse aü hit,
vu dem, wu des Minster mit Andacht erlebt.

Jo, Minster vu Brisach! Dü kostbare Schatz!
Mahnsch alli zuam Fride am historische Platz.
Schenk, liabe Herrgott, dr Nochberschaftssinn,
zu dr Freindschaft fir beidi Site vum Rhin,
aß niameh üs Bruaderniid Gfohr kunnt un Stritt,
un s Minster in Ehrfurcht erhalte blit!

Blib, Minster, fir Glaübe un Kunst heilig Pfand!
Hiat Sege un Fride fir di Stadt un s ganz Land!

Dr Radbrunne z Brisach

Radbrunne,
z öberst iber Hiiser un Tor,
hesch s Wasser als gwunne
bi Kriag un in Gfohr.

Vil hundert mol,
fir s Birgers Wohl,
bi jedem riafe,
hesch gschöpft im Tiafe.

Di Rad
het nia gspaart,
eifach trei sini Art!

In herte Johr,
vil Feind, vil Gfohr;
mit dir hän si gwunne. –
Hab Dank,
unser Brunne!

In dim Turm derheime,
loßt sich singe un traime,
kann dr Geist sich erhole,
scheeni Stunde üsmole.

Mr wän d Gschicht iberdenke,
Vertraüe nei schenke,
zuam Fride hi lenke;
Mr wän gastlig uns gunne,
was d Reblit hän gwunne
mit Fliß in dr Sunne.

Schöpf is witer, frischi Quelle,
unser Geist tua erhelle,
vertrib böse Spuk!

Uf d Freiheit e Schluck
vu dinem herzfrische Geist,
wu s Wohr-si heischt,
Alt-muntere Brunne,
hesch d Fraid uns gwunne,
tua s Glick uns gunne!

Z Endinge im Städtli

Im Städtli mit Brinne un Gäßli un Tor
un mit eme Märktplatz sit vil hundert Johr,
mit Kirchtirm un Glocke üs üralter Zit,
mit Hiser un Wappe, wu s küm nomol git;
do griaße dich d Sänger im Chor,
im Städtli mit Brinne un Tor.

Wu d Rebberg dich locke bis d Sunne sich neigt,
wu s Kirchli dert obe zuam Himmel nuf zeigt,
wu d Bliahtepracht ufweckt e liablige Sinn,
uns froh macht un Hoffnung fir herbstlige Gwinn:
I kumm mer so glicklig dinn vor,
im Städtli mit Brinne un Tor.

Un wenn i im wigriane Städtli dinn bin,
do gspiir i e heimelig-zfridene Sinn.
Vil Alti sin gange, no Mänki sin do
un vil vu der Junge sin wider eso.
Im Wi sin si trei, des isch wohr,
im Städtli mit Brinne un Tor.

Mer wisse aß s allerletscht Kriagli mol kunnt
un grad wege dem ghert is jedi guat Stund.
Mer trinke, sin lustig un hän halt e Fraid,
wän d Fraü oder s Maidli uns gern het un sait:
Sei liab, bhalt dr Durst un Humor
im Städtli mit Brinne un Tor.

Gruaß an Burkhe

E Gob üs alter, guater Zit,
e Städtli, wu s küm nomol git,
so heimelig wia selte meh –
wit s sehne, muasch uf Burkhe geh.

S lit mittle zwische Rhin un Berg;
der Rebbür zwingt mit Fliß si Werk.
D alt Fischerzumpft, no hoch in Ehr,
trinkt uf der Schwendi d Becher leer.

Us Zite, gfährlig un aü groß,
verzellt is obe s alti Schloß.
Un, Burkhe, aü des Lob ghert di:
Jörg Wikram isch di Schriber gsi!

Dur s Tor ni sihsch, as wia im Traüm,
vum Kaiserstuahl der rebtig Saüm.
S isch grad, as stoht do d Zit no still,
wel s Guat un s Alt nit wiche will.

Do bisch wia im e Märliland.
Am beste nimmsch e Glas in d Hand
un trinksch uf s Wohl vu Land un Lit,
aß s Städtli allewil so blit.

Jo, Burkhe, blib halt, wia dr bisch:
In Ehre alt! Im Lebe frisch!
Trag stolz di Gsicht in witi Tag!
Gar Mänke Dankscheen sage mag.

Wu d Hiser Handwerkskunst verkinde,
wu d Gäßli zua der Kirch sich winde,
het d Heimetliab e Stei im Brett.
Herrgott, isch unser Burkhe nett!

Landslit in Tovar

S sin Mensche, gwiß vu unsrem Schlag,
bi uns derheime gsi.
Doch groẞi Sorg un armi Tag
hän Üsweg brücht, weiß Gott wu hi.

Küüm isch z begriffe, was des heißt,
üs dire Heimet tribt di d Not! –
E härte Weg, wia mr jetz weißt,
hän si dno gha fir s täglig Brot.

Wit ibrem Meer, fruchtbar isch s Land,
doch fast verloh vu Gott un Welt.
Im Gmeinschaftssinn, as heilig Band,
mittle im Wald rode si Feld.

Fir alt un jung e eifach Dach;
e bscheide Glick loßt d Herze warm.
Eso vergehn d Johr dutzedfach,
mänkmol in Sorg, aß Gott erbarm.

Dia Landslit vun is in Tovar,
si hiate d Alemannesproch,
in fünfter Generation sogar,
un blibe so dr Heimet nooch.

Wia s Lebe isch, mol ernst, mol froh,
s blit d Heimetsproch im alte Klang.
Si isch voll Gmiat un guat z verstoh,
ufrecht im Wort, heiter im Gsang.

S git Festli, wia im Bad'sche Land.
Dr Wi kunnt uf Tovar per Flug.
Der isch fir Durst un Fraid e Pfand,
dr Kaiserstiahler, Zug um Zug.

Sin unsri Freind aü no so wit,
s git guati Brucke, wia mr weißt.
D Sproch vu derheime isch dr Kitt,
wun is in Freindschaft zsämmeschweißt!

Scho zwanzig Johr isch s knüpft, des Band;
mir bhaltes, hiates; des isch klar.
S ganz Städtli isch mit Eich verwandt,
winscht Glick un Sege fir Tovar!

Unser Kathrinekirchli

Siter bal sechshundert Johre,
trei dur Kriegs- un Wetterstirm,
stoht s Kathrinekirchli obe,
griaßt zua alle Kirchetirm.

S griaßt vu do üs alli Christe,
wu ins Herrgotts Wiberg stehn,
wu mit briaderlige Pflichte
recht un froh dur s Lebe gehn.

Kirchli, dini Glöckli mahne,
lite uns ins Gwisse ni,
aß in Ehrfurcht mir, wia d Ahne,
s Herrgotts Wiberg trei wän si.

Dü, so nooch am Himmel obe,
riafsch is frisch bim Morgerot,
un schicksch s Heimweh, wenn am Obe
d Sunne ene nabi goht.

Riaf is zruck vu falsche Fahrte!
Ziag is nuf üs allem Gwuahl!
Lit di Lob im Herrgottsgarte! –
D Krone bisch vum Kaiserstuahl!

Sponeck

Sit ältste Tag am Rhin begehrt,
im Wetterwinkel trei bewährt;
hesch Zeuge no üs Römerzit.

Di Turm verkindet hoch un wit,
vum Meister sin're echte Kunst. –
Zua stiller Ruaih git d Heimet Gunst.

Sponeck, dü bisch e Wallfahrt wert,
fir der, wu sich um Fride scheert.
Bi dir git Gschicht un Kunst uns Kraft,
fir fridlig-frohi Nochberschaft!

Limburg

Ganz knapp am Rhin,
hoch nuffi s Lavagstein;
Ruine vu dr Burg,
e Kriz no obedruf –
S isch alles, was no z sehne isch,
bi Saschbe dus am Rhin.

Doch obe, dert bim Kriz,
do sihsch ins Nochberland,
ins Elsiß,
wu zua Frankrich ghert
un wu doch Briader vun is wohne.

Dr Blick dert niber tuat sich lohne,
well d Bruck jetz d Mensche trait
zuanander voller Fraid,
well Hass un Nid,
well Kampf un Tod
sin iberwunde wore,
dr Rhin na gschwumme sin
sit mänke Johre.

Limburg,
des isch di größte Sieg
sit allene Jahrhundert,
aß jetz zua Fiaße dir dr Rhin,
noch beidsits schrecklig vile Sinde,
tuat fridlig uns verbinde!

Vum Wertli Heimet

A In hitger Zit wird mänkmol gfrogt,
was uns des Wertli Heimet sait
Do hän mir s halt ganz eifach gwogt
un dia Gedanke zsämmetrait,
fir des, wu uns am Herze lit
un was im Sinn no d Heimet git.

B Am Kaiserstuahl sin mir derheim;
e Fleckli Welt isch s, wunderscheen.
So vili Fraide ghere eim,
wenn mr d Natür gern hän, verstehn.
Im Friahjohr zeigt dr Bliatekranz
e Wunderland im Sunneglanz.

A Doch zua dem fruchtbar-scheene Land
ghert s Winzers Fliß s ganz Johr drzua.
Ob Mann, ob Fraü, s brücht jedi Hand
zuam Rebeschaffe, meh as gnua.
Un was dr Landmann schafft un boit
isch halt im Himmel avertroit.

B Wenn d Sunne ordli gschiine het,
sin d Tribel zitig, schmecke guat.
Si were gherbstet dno um d Wett
un in dr Faß gärt s Rebebluat.
Aü des isch Heimet, Wi un Brot,
aß s Lebe gradüs witer goht.

A Mänk Hüs stoht in dim Heimetort,
wu dü d Lit kennsch, si kenne dich.
Do gilt no s alti herzhaft Wort.
Mit dere Sproch verstoht mr sich.
Vum alte Brunne git s e Liad
un s Glockeglit goht tiaf in s Gmiat.

B Bi allem, wu s Johr dur muaß si,
kunnt s uf dr Mensch a, uf si Tua.
Drheim fangt s a, des Glicklig-si,
un aü uf sell Drumrum kunnts a.
Wohl dem, wu üs sim Eltrehüs
nimmt guate Rot in s Lebe nüs.

A Un s Lehre blit in keinem gspart;
mr brücht gar mänks, wenn mr will bstoh.
Bhalt bi dem allem eigni Art,
blib ehrlig un vu Herze froh.
Wenn mr dr Fride bhalte wän
kunnts z erst druf a, was mir dri gen.

B In hitger Zit wird mänkmol gfrogt,
was uns des Wertli Heimet sait.
E heilig Wort isch s, wenn mr s wogt
un frohe Muats si Bündel trait.

A+B Wer sich uf s Menschlig-si het bsunne,
het s Herzstick vu dr Heimet gwunne!

A/B = Zum Wechselvortrag mit zwei Sprechern

S Herz vu dr Heimet

Unsri Welt isch wit un groß,
doch als Kind, do kennt mr bloß,
des wu um-eim-rum sich zeigt,
was in Liabi eim zuaneigt.
S Kind isch selig, hängt no dra,
derfs e guati Mütter ha.

D Mütter schenkt ihm s groß Vertroie,
hilft-em Mensche-Brucke boie,
fiahrt s uf s Herrgotts heil'gi Spür,
zeigt-em s Wunder dr Natür.
S Mütters Stimm voll Fraide herts;
si isch vu dr Heimet s Herz.

S Kind suacht s Lebe, Schritt fir Schritt.
S Mütters Rotschlag, der goht mit
un bewahrt vor mänker Gfohr. –
So vergehn dno Johr um Johr,
bis des Menschekind im Lebe
selber tuat si Zil astrebe.

Selig-scheeni Kinderzit!
Dich vergesse mr gwiß nit.
Ob frohi Stund, ob schwere Gang,
gspiirsch s Mütters Liabi lebenslang. –
Denk an s »Vergelt's Gott« jede Tag,
as si di witer bschütze mag!

Unser Turm

Dur guati un dur schlechti Zite,
bisch dü uns Hiater gsi,
aß Hüs un Mensch sich an dich lehne,
in dinem Zeiche s Ziel no sehne.
Di feste Stand bi Sturm un Gfohre
blit Vorbild uns in künftge Johre.

Bi uns derheim, fir alli Gschlechter,
bisch dü e Ruafer gsi;
losch s Liad dr Glocke wit nüs schalle,
die Stimm vu obe kündet alle:
In s Herrgotts Nechi findesch Friede,
s echt Glicklig-si un Trost im Liide.

Fir alli Zuakunft, wia fir hit;
sollsch dü uns Mahner si,
aß mir in Wohret niamols wanke,
im Bruader helfe un Gott danke!

Dü zeigsch zuam Himmel nuf,
fir Zwifler, Ahner. –
So, unser Turm,
blib Hiater, Ruafer, Mahner!

Aß d Heimet unser blit

Wer Heimet sait, der muaß sich froge,
ob er aü ebis tuat drfir.
Bloß schwätze un nit tua wär gloge,
d Heimet git Pflichte mir un dir.
S fangt a mit jedem einz'le Wort,
wu wohr si muaß, sunst isch s nit wert.
Drüs hert mr fast, vu wellem Ort
der isch, wu so si Herz üsleert.

Jo, Heimet, mir wän zua dir halte.
Bloß s Mitenander loßt is bstoh,
aß mr s guat Alti kenne bhalte
un trotzdem tapfer firschi goh.

Wer dir z'liab aü emol verzichtet,
dem lohnsch dü s Trei-si Morn wia hit.
Vernümpft'ge Sinn sei dodruf grichtet,
aß d Heimet gsund un unser blit!

II

Vu unsre Alemannesproch

Dia Sproch, e Bruck im Alemanneland,
wia d Minster heilig Pfand fir s Bruaderband.

Alemanne-Gruaß an s Lebe

S Lebe het zua alle Zite
Sunne- un aü Schattesite.
D Johr vergehn. Mr derf si ha;
mit dr Zit do gwehnsch di dra.

Schaff di Sach un ha e Zil,
nit grad z wenig un nit z vil.
Bisch in dr Kirch oder im Wald,
denk an des Gebetli halt:

Liabe Herrgott, schenk fir s Lebe
mir e frohe, heitre Sinn,
aß, bi allem iifrig Strebe,
ich aü fridlig-zfride bin.

Gern hän mir dia Heimet do.
Bhalt si, Herr, in dinre Huat.
Mach uns Mensche bsinnlig-froh!
Wer so froh isch, isch aü guat!

*Nochberschwur**

So in dr Gegend halt vum Rhin,
wu lebislang scho Grenze sin,
verstoht sich s Volk in gmeiner Sproch
un blit drmit enander nooch.

So in dr Gegend halt vum Rhin
stehn mittle in dr Länder in
drei Minstertirm, so hoch wia alt;
sin Zeiche fir Vernumpft, nit Gwalt.

Blib so, mi Gegend um dr Rhin!
Loß unsre Sproch dr Bruadersinn!
Ob Elsiß, Bade oder Schwiz,
e besser Band wohl nianers git s,
as d Sproch, wu so vu Herze kunnt,
un wu mr s Glick enander gunnt.

Dia Minstertirm, si zeige wohl,
aß nufzuas unser Strebe soll.
No Wechselgsang in Moll un Dur
sin s Finger fir dr Nochberschwur!

* Gruß an den Schweizer Historiker und Diplomat
Carl Jakob Burckhardt zu seinem 80. Geburtstag 1971

Unsre Hebel ehre

Unsre Hebel ehre,
vum Meister lehre.
nit bloß s Großi begehre –

Nit s Still, s Klei-bscheide
derfsch meide!
Suach dr Sinn un d Wohret
v Beide!

Erb vum Hebel – unsri Pflicht

Scho meh as zweimol hundert Johr,
dur frohi Zit, dur Kriag un Gfohr,
sin Bletter in dem Gschichtsbuach wore,
sit unser Hebel isch gebore.

Si Alemannewort, üsgstrait,
isch gwachse un het Frichte trait,
s isch lebig gsi, gestert un hit
un gwiß aü iber unsri Zit.
S wachst grad so rechts wia links vum Rhin,
wu Nochbere derheime sin.

Dr Hebel lehrt, was s Wort kann si,
s üreige Wort vu uns derheime,
mit sinre bsundre Melodi.

Dia herznooch Sproch isch s heiligst Liad,
wu s vu dr Heimet git!
Aü hit!

E herzhaft gstandne Mann,
wu s Recht un d Wohret ehrt;
e herzig-hüslig Wiib,
wu d Kinder bete lehrt;
e frohe junge Mensch –
sei glicklig, wenn d en kennsch –
des isch lebend'ge Geist,
so, wia s dr Hebel heischt. –

In dene lange, lange Johr
het s vili Krizweg gha.
Wia mänke Sturm un manki Gfohr
wäre als d Matte na,
wenn d Mensche s Gwisse gfrogt.

Doch nai!
Anstatt zuam Wort hi z stoh,
mitnander virschi goh,
het si dr Teifel plogt. –

S het aber in dr schwere Zit
aü ufrecht-guati Mensche gha,
wu trotz em Unrecht, Hass un Niid,
vum grade Weg nit ra.

Drei Name will i leichte lo;
si gen is Beispil hit.
Mr wän in d Schwiz, in s Elsiß goh,
un s Badisch fiahrt is grad eso
zua ufrecht-große Lit.

Carl Jacob Burckhardt heißt dr ein.
Was het er gmahnt un gschafft,
aß doch dr Fride blib erhalte! –
Si hän s mißachtet, d Teifelsgwalte,
si Wort vu heil'ger Kraft.

Un Albert Schweitzer, er isch gwiß
im Bruader Bruader gsi;
bscheide fir sich, im Diane groß;
e First im menschlig-si!

E drittsmol zeig i, voller Fraid,
e Mensch vu fiinster Art.
Was unsri Lina Kromer gsait,
isch tiaf im Herz verwahrt.

S Wort vu derheime hän si g'ehrt
in unsre Hebelsproch,
grad s glich, wia s d Mütter ihne glehrt.
Un d Welt verstoht si doch!

S Wort wird im Werk
un s Werk im Wort
zuam Guate hi vollendet,
solang s nit, voller Ibermuat,
vum ew'ge Gsetz sich wendet.

Des alemannisch Wort am Rhin
bringt rechts wia links s Verstoh,
s isch s ehrlig Pfand, no s Hebels Sinn,
zuam Mitenander-goh!

Wer so an unsri Heimet denkt,
im Nochber s Wort, s Vertroie schenkt,
tuat s Hebels Erb treulig verwalte,
un hilft is ehrlig Fride gstalte!

In Ehre halte

Mänki Dichter hets scho ge
in unsrem Volk vu Alemanne,
mit Gedanke, mild und zäh,
fiini Fraüe, starki Manne.
Si sin in ihre Zit in gstande,
hän selber miaße din bestoh.
Ihre Werk, wu blit vorhande,
derfe mr nit schelte lo.

Jedi Zit bringt e neu Lebe,
wu aü Fehler mit derbi.
S kann si, s isch e falsches Strebe.
Hinteno wirsch gscheiter si.
Üs Vergangenem sollsch lehre,
aber nit e Richter spile.
Jeder brücht mol e Bekehre.
Langsam mahle Gottes Mühle.

Was uns d Dichter gen as Gobe,
muasch durchforste un bedenke.
Nit des alles blindlings lobe,
doch e gwiß Verständnis schenke
fir des, wu zua bstimmte Zite,
wu er glebt, drigstellt isch gsi,
mit het gstaltet un mit glite
kei Mensch isch fehlerlos derbi.

S Dichterwort sorgsam verwalte
un s Guat dervu in Ehre halte!

Gedenken an Eugen Falk-Breitenbach

(1903 – 1979)

S isch eitua, ob dr schribsch, ob molsch,
e Stick vu dinem Geistbild holsch,
stellsch s vor is hi, ganz trei dr Sach.

Bisch meh as wia e Mann vum Fach,
well s in dir lebt, des, wu dü saisch,
well s dü erkämpft, des, wu dü waisch,
well dü dra hängsch mit Lib un Seel.

Un well i di zua dene zell,
wu jedes Wörtli, jede Strich,
vu inne kunnt, vum eigne Ich,
wog i e Wort, wu zua dir passt:

Loß alles Nei un Modisch lüüre.
Was echt isch wird des iberdüüre,
well s Gsetz fir s Guat vu sichrem Bstand.

Wer s Guati will bim zwiifle, suache,
wird gwiß si Gwinn fir s Lebe buache.
Un so e Gwinn isch d Bruaderhand. –

Jetz, Moler mol!
Un Schriber, schrib!
So, wia dr bisch,
so blib!

Gedenken an Paula Hollenweger

(1900 – 1980)

Pfluag un Ähre, Tribel, Rebe,
alles, wu dr Bode bringt,
un nit zletscht, was s Menschelebe
liabt un liidet, bis es sinkt,
all des isch in dinem Wese
herzlig bettet, trei un wohr.
Ordnesch s giltig Wort zuam lese,
lebsch e giltig Lebe vor.

Un im Beispil tuasch is zeige
üs em Gschehne vu dr Zit,
aß sich s Glick zua dem tuat neige,
wu bim Guate trei verblit;
aß mit Muat un Gottvertroie
sich loßt zwinge alli Not;
aß, wer s Feld mit Fliß tuat boie,
nit vermisse brücht si Brot.

Liabi Fraü! Di Heimet kennt di;
wecksch dr Bruadersinn uns wach,
riafsch is heime üs dr Fremdi
unter s heimeligi Dach.

Tuasch mit Sage, Brüch un Gstalte
Ehrfurcht lehre vor em Alte;
gunnsch dr Junge s Glicklig-si,
wenn s ehrlig Werk un d Liab' drbi.

Herrgott, loß is trei binander,
Gschlecht um Gschlecht no dinem Gsetz.
Bruader, einer fir dr ander,
froh un zfride, so wia jetz!

S Wort

Wort,
kannsch e Glied si
vun ere Kette,
fin-vergoldet zuam Gschmeid
oder
grob-gschmiedet wia fir dr Pranger.

Wort,
traisch ins Gmiat zärtligi Wärmi,
oder
schlesch d Tire zua.

Wort,
bringsch zweg himmlischi Fraid
oder teuflische Hass.

Wort,
dü bisch allmächtig! –
Sei doch bedächtig!

Sags hit!

Sell,
wu dr sage witt,
sags hit!
Dr waisch jo nit,
was dr no blit
an Zit,
wun is dr Herrgott git.

Sell,
wu mr mache wott
un mache sott,
tuas eb s isch z spot!
Nit wacklig
wüscht un hot;
treu im Gebot,
gradüs bi Gott!

III
S Lebe dur

Mir hätte jo bloß halber g'lebt,
wenn s d Fraid Erinnerung nit gebt.

Jung si

»Jung si!« Des isch s Scheenst im Lebe.
Jung si! In dr Wulke schwebe,
Schlesser boie in dr Luft;
alles isch voll Bliahteduft.

S Jung-si sott sich jeder gunne;
wirsch no friah gnua alt un bsunne;
aü di Zit goht arg gschnell rum;
nutz si guat un scher di drum.

Jung-si isch halt s Recht vu Junge.
Nit grad frech, doch vorlüt d Zunge,
e weng schelmisch, knitzig, frisch,
d Sorge wischt mr ab em Tisch.

Halt »In Schwung si« isch s jung Wese.
D Jugend will kei Federlese,
will nit hüse un nit pflenne,
liaber schmüse, tanze, renne,
no der scheenste Epfel grife
un uf s Brav-si mänkmol pfife.

»Uf em Sprung si« isch der Jugend
liaber as e zarti Tugend.
Si meint s eneweg jo guat
mit dem junge Ibermuat.

In Gedanke isch si spritzig,
s Temprament so lebig, hitzig.
Si will traime, d Liabi hätschle,
ebis bosge, lache, tätschle.

S Herz möcht mänkmol rüssi gumpe.
Z Nacht, do kennt mr Zit no pumpe,
aß mr nit scho heime sott,
wenn s am scheenste were wott.

S Jung-si kennt eim fast verrisse.
Könntsch als grad in d Bäckli bisse,
mol dumm Zig mit eberem schwätze
un üs Jux in s Fidle pfätze.

D Jugend tuat kei Langwil quäle.
Do un dert e Schmitzli stehle –
S isch e Gschenk vum liabe Gott,
wu mer nit erachte sott.

Un bisch älter, schilt nit gli.
Herrschaft, sin mir anderst gsi?!
S Froh-si macht is hit no jung,
z mindest in Erinnerung.

Jugend, blib halt wia dr bisch!
Lebig, wia im Wasser d Fisch.
Blib in Schwung un uf em Sprung,
bisch jo aü bloß eimol jung!

S alt Bänkli

I kenn e nett Bliamli,
s isch s Gleckli im Mai.
Zuam Froh-si het s glite
derheime uns Zwei.

Des Bliamli het d Liabi
in s Lebe uns trait
un uf sellem Bänkli,
do hän mer als gsait:

I schenk dir e Ringli
un dü gisch mer s glich.
Si binde n is zsämme
un mache n is rich.

Wu d Liabi verschenkt wird,
verbunde mit Trei,
do ghert si ganz unser,
macht glicklig un frei.

I weiß e alt Bänkli,
am Pfädli bim Ränkli,
des hiatet e Gschenkli,
dert hi hab is s Gei.

Des Bänkli, derheime,
des loßt is no traime,
allei, bloß uns zwei,
vum Froh-si im Mai!

Liabens-, lobens-, lebenswert

S isch liabenswert,
wenn s Treu-si sich bewährt,
fir s jung verliebti Paar
ganz wunderbar

S isch lobenswert,
wenn d Jugend s Alter ehrt;
isch ihr guat Beispil do
wirds sicher goh.

S isch lebenswert,
wenn eins im andre ghert,
aü no in alte Tag
sich gern ha mag.

Verwinde was beschwert,
dno wird euch d Zit verklärt,
un s Glick, wu lebenswert,
vermehrt!

Schaff un lach

Wer Frohsinn schenkt,
macht Mensche besser,
git frische Muat
zua guater Sach.

S git vili Fürste
ohni Schlösser.
Jetz sei vernimftig,
schaff un lach!

Nit eischächt

Isch am e n Ort e guate Mensch,
er, wu dr gern hesch, wu dr kennsch,
dno schrib!

Bisch bi nem un es gfallt dr guat,
macht s dr e Fraid, was er dir tuat,
dno blib!

Bisch Glicklig, wenn er zua dr kunnt,
dno nutz halt jedi guati Stund,
ha Fraid!

Der Mensch isch gwiß nit eischächt boit,
lebt liaber, wenn mer ihm vertroit,
grad s zweit.

So schenkt mr hi un her si Guats,
blit mitenander frohe Muats,
wenn s goht.

Sorg, aß mr, isch s grad nit eso,
enander doch enanderno
wieder verstoht!

Unser Spiagel

Der Spiagel – wer e kennt –
isch e Stick Alt-Testament:
Aüg um Aüg!
Zahn um Zahn!
Do hilft kei Wunsch un hilft kei Wahn.

Jeder spiaglet sich
tupfeglich wia n er isch;
ob blund, schwarz oder graü:
hoorgnaü.

Mr mian s halt vertrage,
dr Spiagel tuat d Wohret sage.
Er weißt, was Puder verdeckt
un was gschminkt,
weißt aü, wer mit falsche Wimpere winkt.
Bloß eins verwechslet er allerdings:
rechts un links.

Bi dem ehrlige Freind isch mer guat ghalte.
Er zeigt d Falte vu der Alte
un d Griabli vu der Junge! –
Oje,
wia gschwind
isch ghopst wia gsprunge.

Zruck luage

Verzelle vu Täg
wu scho lang, lang verbei!
vu bucklige Weg
un Froh-si ufs neu.

Drbi isch nit selte
e Leuchte im Gsicht,
e Blick wu derf gelte,
e Wörtli voll Gwicht.

Mr hän is dr Zit gstellt
mit ehrligem Sinn.
Sin nit üs dr Reih' gschnellt
fir unrechte Gwinn.

Hän d Jährli so gnumme
wia dr Himmel si gschenkt,
hän si nomol bikumme,
mit Dank an si denkt.

Sandühre

I will nit wisse vum Stundeglas,
bin jung, mag nit sell spärlig Maß.
Hab s Lebe vor mir, mi g'hert d Zit.
Kei Gschwätz vum End, sell isch no wit! –

Doch mit dr Jährli, wia s halt eso kummt,
do mahnt mi s Gläsli vu dr Stund.
Betrachte tuan-is, mit Verstand,
un sih, wia nabi rinnt dr Sand.
I merk, dert obe isch nimmi vil feil,
denn s Meisti isch scho im untere Teil.

Jo, hätt mi nit selber, wia dr Sand als tummlet,
dno hätt i mi eigini Zit verbummlet.
Un jetz gib i acht, mit dr miadgschaffte Händ,
aß s Letzt mir nit z'gschwind no dur d Finger rennt.

Mr wisse jo nit, wenn s letzt Kernli ra kunnt.
Dno ghcie mr selber in Sand, selli Stund.
Doch mänk scheen Stündli ghert vorher no mi! –
Wird enedra nomol e Sandühre si?

Goldini Hochzit

S Friahjohr gits eimol im Lebe,
un jedes Friahjohr het ei Mai.
S isch bim Mensch, wia bi dr Rebe,
s zeigt d Natür sich einerlei.
Wohl dem, wu des begriffe lehrt,
aß alles halt zuam Lebe ghert.

Wohl dem, wu friah het d Liabi gfunde,
un Mensche sich s Vertroie gschenkt,
fir ernsti un fir frohi Stunde,
wu s Schicksal eim mitnander glenkt.
Sell »Jo«, wu uf dr Hochzit gschwore,
het zsämme ghebt sit fufzig Johre!

Aü s Lebe het si Summer gha,
wia viel isch grote voller Fraid,
un schlechti Zite nebedra
hän dia zwei brav mitnander trait.
S sin Kinder un sin Enkel kumme,
dia blibe jo firs Alter d Sunne.

S isch grad, wia wenn dr Herbst als kunnt,
e goldne Schiin wärmt Herz un Sinn.
Wenn mr enander d Liabi gunnt
un s »Gsundheit« isch drbi as Gwinn,
dno derf des gern no witer goh.
E goldne Herbst macht glicklig-froh!
No langem Weg e goldig Zil. –
Jetz blib s, solang s dr Herrgott will!

Vu dr guate alte Zit

Wia vilmol het mr friahjer g'hert,
vu guater alter Zit.
Dno hän mr Neus un Gscheiters glehrt –
Sag mol, was hän mr hit?

Sei s uf em Acker, sei s im Stall,
emol heißts wüscht, mol hott!
Un machsch des, merksch uf Knall un Fall,
wia s grad dernebe goht!

Wia vilmol het mr friahjer g'hert,
vu guater alter Zit.
Jetz frog di: Hän mr Bessers g'lehrt,
derfsch des no, wu dü witt?

Jo, derfsch s mänkmol. – Doch hintenoh
hesch fast umsunst dich plogt.
Dia guat alt Zit isch nimmi do. –
Z vil hän mr wahrschiins gwogt!

Frischbaches un Nuß

Z'ackre, saaie, jette,
maihe, dresche, mahle, knette,
gformt in heiße Ofe stecke:
knusprig tuat dno s Brot uns schmecke.

Kugelrund
im griane Mantel –
vum e Wirstli so e Wandel! –
findesch, guat zuam mahle
in der griblig-herte Schale
dno dr Kern –
s Herrgotts Nagel obedri.

Doch,
d Nuss si mian erst ufgmacht si!

Alti Brüch un kleini Sache

Herzhaft Gmiat un kerngsund Strebe
zeige alti Brüch im Lebe.
Doch, tiaf inne mian mir s gspiire:
Nit allei bim Festli fiire
soll mr e guat Brüchtum ha.
Uf dr Alltag kunnt s druf a!

»In Gott's Name« ufstoh derfe;
do kannsch s Dankscheen nit verwerfe.
S »Guate Tag« im Nochber gunne,
hesch e Stickli Fride gwunne.
Gohsch dr Arbet froh entgege,
isch des selber scho e Sege.

Denk, dia scheene kleine Sache
sotte mir aü hit no mache.
Sag, wenn einer niaße muaß:
»Helf dr Gott!« – e alte Gruaß.
Statt »Mahlzeit« sage, bring di Dank
im Herrgott doch »fir Speis un Trank.«

Denk aü an guati Wünsch voll Fraid,
wenn mr bim Trinke »Gsundheit« sait.
Un s Krizli uf dr Brotlaib gilt,
aü wenn mr d Brotmaschin dno drillt.
Saisch mänkmol »Tschüs«, wells d Jugend wott,
vergiß mr aber nit s »Griaß Gott!«

Jetz: »Bhiat Euch Gott un blibe gsund!«
Wia glicklig macht e frohi Stund.
Dia alte Brüch, mr wän si hiate;
nit einer derf is des verbiate.
Jo, guati Brüch, si gfalle eim,
sin halt e Stickli vu derheim!

Gedanke an Allerheilige

November, e Monet vu bsundere Art.
E jede Sunntig haltet parat
Gedanke an Mensche, wu gar nimmi do,
wu dert sin, wu alli mol ani mian goh.

Erinnrung an Freind! – Wia viel het mr kennt.
S sin Name drbi, wu kei Mensch meh hit nennt. –
Vergänglig isch jedem si eigini Zit.
Tua Guats, bevor s z spoht isch!
Sell blit!

E trei Gedenke

Wer sini Tote ehre will,
muaß »jo« zuam Lebe sage.
Dü liabi Seel! Jetz halt mol still,
s nutzt nit, bloß allwil klage.

Dr Herrgott het, sit s Mensche git,
dr Afang gsetzt un s Zil.
Un jeder vun is het si Zit,
er wenig, un er vil.

E jede Mensch, wu kunnt, muaß goh;
er friah, dr ander spot.
E trei Gedenke blit em jo,
wenn d Liabi witerst bstoht.

Jetz denk an mänke liabe Freind
un selli enedra,
an dia, wu mr si Lebe lang,
bi uns so gern hän gha.

Un zwiflesch mol, was recht, was nit,
frog doch di Freind, wu fehlt!
Er hilft! Un bal weisch, was dr witt.
So zwingsch si, dini Welt. –

Dr Tote Dank fir jedi Stund,
fir gmeinsam-frohi Zit!
In Liabi tian mer d Ehrfurcht kund,
dno wird aü s Herz vum Heimweh gsund,
un s trei Gedenke blit!

E großi Stund

E mänge liabi langi Stund,
dia sitzt mer gern bim Wi;
er schmeckt so bluamig, süffig, rund;
nit wöhler kennt s eim si.
D Gedanke were licht un froh,
zua allem git s e guat Verstoh,
in dene Stund bim Wi.

E großi Stund, dia brücht e Wi,
wu selber virnehm, groß.
Mit Wi schenkt s Glick si Festglanz i,
macht d Mensche sorgelos.

Stund,
brüchsch di Wi!
Wi,
brüchsch di Stund,
aß frohe Geist in s Lebe kunnt,
dr Sunnegeist vum Wi!

Tribel

I wott bigoscht kei Tribel si!
Mer druckt en z tot, bloß weg-nem Wi.
Z erst blit er düsma in sim Brumm,
aß jo kei Fröstli an en kumm.
Derno wird ufrecht rüssi gschlupft
un ball druf vornehm s Käppli glupft.

Mer zupft un bindet nebe dra
un s eige Gwicht ziagt d Tribel na.
Git s Sunne, Rege, so wia s soll,
dno macht der Saft dia Beerli voll.

Der Rebbür lüürt un isch erst froh,
wenn er en schnid vum Rebstock dno;
steckt mänk guat Beer in s Mül un lacht.
S wird trottet un der Wi drüs gmacht.

I wot bigoscht kei Tribel si!
Mer lobt en, un er stirbt drbi. –

Dü taübe Keib, dr bruttlesch z vil!
S het jedes Ding si Weg un Zil.
Sin d Mensche nit dr Tribel glich,
verriise-arm, großbeerig-rich?!

Der Tod, meinsch, gege s Lebe muckt;
erst bliaihsch, wirsch zitig, dno verdruckt?! –
No all dem mahle, trotte, gäre,
soll s halt e geistig Lebe were!

S Kriagli

Mich kann mr brüche, wia mr will;
fillsch mich mit Wasser, i blib still;
holsch mit mr Milch, i sag kei Ton
bin dienstbar ohni jede Lohn.

Fillsch mi mit Essig oder Öl,
i tua nit murre, miner Seel;
brüchsch mi zua Kaffee oder Tee,
sag i kei bruttlig Wörtli meh.

Macht s dir derno emol Pläsiar,
fillsch mi mit Schnaps oder mit Biar;
doch witt du ganz guat zfride si,
fillsch mi mit Kaiserstiahler Wi!

Dno macht des Kriagli dir erst Fraid,
schwätzt vil mit dir, wenn s aü nit sait;
leer wird s un voll, s wird voll un leer;
wenn s doch e bizili greßer wär!

Vilmol, do het mer s scho erlebt,
aß d Zunge eim am Gaüme päppt;
Durst macht fast krank! – Wenn s Kriagli kunnt,
dno sin dia Manne wider gsund!

S Kriagli, des isch bigoscht e Pracht;
mänkmol het s uns scho buschber gmacht!

D Wohret, dia sprudlet bloß so rüs,
wenn so n e Kriagli isch im Hüs.
S Kriagli, des derft jo nia verheie!
Sott s aber uf dr Bode gheie,
bringt s wider Glick! –
Schweif d Scherbe zsämme.
Vu jetz a derfsch dno d Stitze*nemme!

* großes Küfergefäß = 14 Liter

S Bobbili am Friburger Bächli

S klei Bobbili
stoht am Bächli,
macht grad doni
si Sächli.
Un alli schmunzle,
luage hi. –
Wia nett
kann so-ne
Fidili si!

Liader

Ton un Wort,
si fliage wia Schwälbli,
mol himmelwit obe,
mol unte am Bode,
un des, wu si suache,
si finde s un bringe s,
aß d Bruat nit muaß darbe. –

Wia vilmol kunnt s Glick
in des heimelig Nest! –

Wort un Ton,
ihr sin jo, wia d Sunne,
tian d Wulke ufrisse,
aß hell wird dr Himmel
un s Heimweh no Fride
zua Andacht sich wandlet
im stille Vergoh.

Liader,
vum Lebe tian singe,
in s Herz uns klinge,
tian s Glicklig-si bringe.

Unsri Fraid: Erinnerung

Wie gern denkt mr an d Kinderzit,
erst recht an s Jung-si, isch s aü wit,
s Geborge-si im Eltrehüs
un seller ersti Bluamestrüß,
wu zart in Liabi het verbunde
in glicklig-frohe Schwärmerstunde.

Fast all'wil plogt di Plan un Wunsch,
aü wenn dr's nit gli ganz bikuunsch. –
Geduld ha, zäh am Wunschtraüm boie,
mit frischen Muat un Gottvertroie!
Mit frohem Schaffe s Lebe gestalte,
mit Neuem un mit guatem Alte.

Goht zwischeni e Plan kapütt,
so hilft nit s Schelte no so lüt.
Suach liaber, wu dr Fehler hängt!
Packs nomol a! Bikunnsch nit gschenkt.

Fir s Guati wän mr Dankscheen sage,
s bringt meh as jomere un klage.
Un wenn aü Mänks gar nit derf si,
s Scheen, wu dr gha hesch, sell ghert di!

S Erinnere kann ker verbiate,
derfsch s allewil im Herz in hiate.

Kopf hoch! Vergiß s Erinnre nit,
erst recht nit s Gern-ha, d Jugendzit!
Mr hätte jo bloß halber glebt,
wenn s d Fraid Erinnerung nit gebt!

Zfride si

Isch dir nit alles bschide,
doch hesch e treii Seel,
derno sei zfride!

Mitnander iberwinde,
dno kann mer zsämme finde,
wenn aü nit licht, nit gli,
des zfride si!

Un suachsch allei dr Fride,
in dir isch er dr bschide!

IV
Üs schwerer Zit

D Versöhnung isch dr heilig Schritt,
Wu s iber alli Gräber git.

Vergiß nit s Wort Kamerad!

Vergesse nit s Wort Kamerad!
S blit Ehreschild fir dr Soldat,
wu sich dr Pflicht im Kampf het gstellt,
un ghofft het uf e bessri Welt.

Des Wort Kamrad, an jedem Tag
fir alli Tote gelte mag,
wu sich bekämpft hän, gfalle sind. –
Zuam Friede mahne si am Rhin!

Im Opfertod sin alli s glich.
do gits kei arm meh un kei rich,
do gits kei Feind meh un kei Haß;
s isch iberglоffe s bluatig Maß.

D Versöhnung isch dr heilig Schritt,
wu s iber alli Gräber git,
aß mit Vernumpft sich d Völker finde,
un ehrlig-fridlich sich verbinde.

Des bringt dr Kamerade Ruah. –
Mitnander gohts!
Gott helf drzua!

Gfangeschaft

Wia vili Täg, e Glid in sellre Kette,
wu, noch em Kampf, e gschunde Heer am End.
S suacht jeder bloß no s nackti Lebe zrette,
trotzdem kei muat'ge Sinn mr finde kennt.
E zsämmepferchte miade Menschehüffe,
Hunger un Elend loßt si küm noch schnüüfe.

Noch dene Johr, im junge Lebe gstohle,
do frogt sich jeder, was jetz were wird.
Des spoti Igständnis kunnt unverhohle:
E teiflig Blendwerk het verfiahrt, verwirrt.

S git bloß ei Wunsch, ei Träum un ei Verlange,
heim, wu mr highert, heim zua Fraü un Kind!
Dno wird, trotz Not un Trümmer nei agfange,
e Lebe wu mr endlig Fride find'!

*D Flämmli vun Heilig-Obe**

Im wite Feld, mit Kriz fir d Kamerade,
het d Liabi hit azunde toisert Flämmli.
Si wän verbrenne was an Fehl un Schuld,
aß dr Erlöser kunnt mit sinre Huld,
un Not wia Ängste nimmt üs unsrem Herz. –
So schicke mir s Vertroie sternewärts.

Dr tote Kamerade Liab' un Trei,
si mahne in dr heil'ge Nacht ufs nei:
Bi guatem Wille schenkt dr Himmel Kraft
fir Fride un fir echti Briaderschaft.

E Fest dr Liabi wirds bi uns am Rhin,
well Gottseidank mir Freund jetz wore sin.
Dr Grasberg zeigt, aß d Opfer sich verbinde,
mit unsrem guate Werk zuam Fride finde.

Wer so d Versöhnung suacht derf froh aü singe,
wenn hit, am Heilig-Obe d Glocke klinge,
un weiß, aß des mit Fraid zua ihm zruck kunnt,
was er im Bruader, wu in Not isch, gunnt. –

Im Herrgott d Ehr!
Un unser trei Gedenke
euch Gfallene, aß mit Vernumpft mir lenke
d Schritt mitenander in e bessri Zit,
aß s Liacht dr Heil'ge Nacht uns Richtung git
un d Völker vu Europa einig macht.
Jetz, bring di Sege, stilli, heil'gi Nacht!

* auf dem Deutschen Soldatenfriedhof Bergheim/Elsaß

Kain un Abel

Sit Abel un Kain
isch s, wian i mein:
S heißt Schwert un Muat
sei fir d Freiheit guat.

Sit Kain un Abel
dia anderi Fabel,
bloß ohni Waffe
sei Fride z schaffe. –

Wenn dia Abels un Kains
doch endlig mol eins!
Fir s Guati dr Wille
mecht doch jeder erfille.

Here uf mit dem Gschrei,
ins Glashüs kei Stei!
Tian vernimftig ergrinde,
was trennt iberwinde
un so mitenander
dr Fride finde!

Zwee Ruafer biate Hilf uns a

S kann keiner fir sich selber blibe.
Mr isch dr eigne Zit verschribe
un unsri Zit isch nit verkehrt,
wenn d Mensche dri gen Geist un Wert.

So isch s scho vil Johrhundert gsi
un jeder Ruafer wird drbi
vum Volk verstande – oder nit.
Was Guat gsi, merkt erst spetri Zit.

Bi Johann Peter Hebel stoht
fir uns bis hit e guate Rot.
Aü wenn d Welt falsch un kunterbunt,
si Wort gilt, well s vu Herze kunnt.

Er heißt is Mensche-Brucke boie,
mit Wort un Tua enander troie,
aß Freindschaft uns zuam Helfer wird
un nit uns Haß un Niid verwirrt.

Er het uns alle so vil gsait,
mit ernstem Wort, im Liad voll Fraid.
Si Rotschlag heißt doch: Tua di bsinne
un domit inne Fride gwinne!

No einer gits, vu spetre Zit.
Si guate Rot gilt aü no hit
fir d Heimet links un rechts vom Rhin,
wu d Völker miad vum kämpfe sin.

Im René Schickele sie Sinn
hätt, statt dr Feindschaft, scho lang Gwinn
fir echte Fride kenne si.
Doch Macht un Haß sin stärker gsi.

Wenn d Wohret d Welt regiare wott,
wär s besser um is bstellt, bi Gott.
Trotzdem, zuam lehre isch s nia z spot.
»Frog s Gwisse halt un folg sim Rot!« –

S isch Zit, aß mr is guat druf bsinne,
dr Fride suache ganz tiaf inne,
zuam d Kraft fir s ehrlig Lebe z bhalte,
zuam Menscherecht un d Freiheit z gstalte.

Zwee Ruafer biate Hilf uns a.
Jetz horche druf, un denke dra:
Ob Hebel- oder Schickele-Geist,
si lehre uns, was Fride heißt!

Heimet un Vaterland

Wu unsri liabi Heimet isch,
deckt is dr Herrgott guat dr Tisch,
mit vile Frichte, Brot un Wi.

Doch ghert no iberall dia Sach,
fir s gmeinsam Volk e gmeinsam Dach.
Un wenn aü gwechslet Farb un Fahne,
des gmeinsam Dach stammt vu dr Ahne,
un s Vaterland solls si!

Wer zruck an s Unglick Weltkriag denkt,
dr Kamerade Achtung schenkt,
wu d Heimet nia meh gsehne hän,
der muaß sich bsinne, was mr wän,
aß unser Hit vum Gestert lehrt!
Sunst gohts Morn nochemol verkehrt.

Dia Heimet, si muaß unser si!
E eigni Welt un s Recht drbi,
sunst hän mr s Opfer vu dr Tote
verrote! –

Jetz bitt i kritisch um Verstand
fir d Chronik vum Wort »Vaterland«.

No fümfeviarzig:
    Toti un Trimmer.
    Vum Afang e Schimmer,
    oder wirds no schlimmer!
    Wu bisch, Vaterland? –
    Loß des Wort, s isch e Schand.

An e fümpfefufzig:
    Nimm s Gwehr wieder in d Hand!
    Fir d Freiheit e Pfand
    im Natoverband.

An e einesechzig:
E Müre, mittle dur s ditschi Land!
Was verwandt, üssenander verbannt. –
Arm Vaterland!

Un s Volk so verrisse,
aß ohni Gwisse
in dem treilose Sumpf
s Spioniare isch Trumpf!

An e fümpfesibzig:
Alles heischt
Helsinkigeist!
Aber d Müre, si blit! –
Isch des fridligi Zit?

Un Hitzetag?
Dia greßt Sorg un Klag:
Unsrem Volk isch nit meh dra glege,
am Kindersege!

Aber d Zuakunft vum Volk
in spetere Tage,
kann dia eige Jugend bloß
witertrage!

S bringt sicher kei Glick
bloß hetze un strebe.
Gen euer »Jo«
fir d Liabi zuam Lebe!
S Schicksal, nemme s muatig in d Hand!

Sunst,
Gnad Gott
fir Heimet un Vaterland!

V
Kritischs un dr Wohret zliab

Mit dr Wohret, ohni z kränke,
all'wil klare Wi ischenke.

S recht Wort

Im Volk nit s Mül verbinde!
Nit d Wohret schinde!
Im Blinde
drhinter zinde!
S Wurum ergrinde,
s Falsch iberwinde,
s Guat verkinde!
Am rechte Platz,
zua dr rechte Zit,
s recht Wort finde!

Klare Wi ischenke

Wenn einer sait,
was en so fraid,
nit nabi schluckt,
was en so druckt,
un nit verbliamlet, was er denkt:
Dno het er klare Wi igschenkt!

Sackgasse

Het e Gasse s sperrig End,
nit lang zegere,
wend!

Isch verfahre mol dr Karre,
hilft s nit, uf dr Zähn bloß garre.
Lang in d Speiche!
Viri!
Hü!
Mir mian s schaffe,
ich un dü!

Wer tuat s

Not in dr Welt,
regiare tuat s Geld. –

Rede un Predig:
Guats tua isch netig!

Wer hert s?
Wer tuat s?

Hersch s aü zehmol, hundertmol.
Nit murre,
nit grolle!

Dr Teifel süfliart:
»Selli solle!«

Spende

No em zahle
nit nüssi prahle. –

Helfe,
spende,
üs ganzem Herz,
mit volle Hände!
Schicksal wende!!

Lebens-Wert in unsre Zit

Dr Wert vum Lebe, der isch klar,
wenn s Schöpfers Wille offebar.
D Natürfreind schließe domit i,
firs Tiar mian d Mensche Schützer si.

Im Krötewanderungsgebiat
wird mr do jedes Johr nit miad,
Plakat ufzstelle un z verbiate,
was schade kennt dia Tiarli z hiate.
S isch recht eso, verdiant e Lob;
aü d Tiarli sin e Schöpfergob.

Doch zua glichliger Zit stirbt toisertfach
was als e Menschekind wird wach.
S muaß, vor s uf d Welt kunnt, zua dr Tote
un s Heiligst, d Liabi wird verrote.

Hän denn dia Mensche no e Gwisse?
Mit Fiaße trete un verrisse
wird so doch s eige Glicklig-si
un s ganzi Volk goht z grund drbi.

S isch Sind un Schand, e Herz üs Stei;
doch d Liab' zuam Kind macht ehrlig-frei!
Jetz hiate s Kind wu d Liabi bringt,
aß mit em Sege s Lebe glingt.

E Kriz

E Unglick,
wu dr nit drfir kannsch,
isch ohni Frog
e Plog.

Bisch aber selber dra tschuld,
des gits
dno isch dia Plog
e Kriz.

Heili Welt

Wer si no gern will ha, dia heili Welt –
Jo's git si noch, nit alles ghert im Teifel! –
Wer si no gern will ha,
soll nit bloß jomere un klage,
er soll si muatig in sim Herz in trage,
soll helfe Falsches z iberwinde,
e gsundi Antwort uf dia Froge z finde,
wu uns sin gstellt, aß s Lebe witer goht.

Was nutzts denn, iber alles schelte, fluache,
bloß ständig z suache,
wu ebbis nit so isch, wis s halt sott si?

Oder si eigne Wunschtraüm zua hoch henke,
ohni an andri z denke?

Noch dene Wohlstandsjohr mian mr doch lehre,
nit grenzelos begehre,
d Schöpfung Natür nit gottserbärmlig schinde,
zuam fir dr Aügeblick e Rebbach z finde. –

Jetz, bhalt di Muat fir s Guat!
Un setz di drfir i mit ganzer Kraft.
Di Beispil hilft mänk andrem Brucke boie.
Ha Gottvertroie!
E jeder schaff si Sach
un tua in Liabi teile!
Des hilft d Welt heile!

Botschaft in unsre Zit

An jedem Tag,
zua jedere Stund,
bloß schreckligi Botschaft,
wu zuan-is kunnt.

Wu allwil e Unglick isch,
e menschlig Versage,
wu herzlos Verbreche z beklage,
dia Botschaft stürmt gli
uf is ni! –
Muaß des eso si?

An jedem Tag
zua alle Stunde,
were Wunde verbunde.
Vil Mensche helfe bi s Bruaders Not,
teile s Brot. –
Vu dene Sache,
wu s Mensch-si üsmache,
hersch selte.
Vilmeh hersch schelte.

Gen doch in unsre Zit
nit bloß Bricht vu Elend un Stritt.
Brichte aü vum Scheene un Guate!
Len d Seel vum Volk nit verbluate.

VI
Bsinnlig

Suach un bsinn di! Hilf im Guate!
D Seel vum Volk derf nit verbluate!

Lüt un still

Lüt isch dia Welt,
strittet um s Geld.

Recht-ha un Groß-tua,
so isch dr Nia-gnua.
Zfride küm einer.

Horche will keiner;
gli üs der Hüt.
Haß schiaßt in s Krüt.
Lüt!
Ganz lüt!
Iberlüt! -

Aber jeder wird still,
wenn s einer will.

Welt, dno gohts adje.
Geld nutzt do nit meh.
Was so arg lüt gsi,
wird gli kapütt si.
Alli sin still,
wenn s einer will. –
Still!
Ganz still!

Do sin mer kurz

Mi Herz, sei bi dr Frog nit bang,
ob s Lebe kirzer oder lang.
Aü d Sunnegluat isch mol verbrennt
un ihre Leichte nimmt e End.

Wer d Sunne gschickt het, Tag un Nacht,
het aü uns kleini Mensche gmacht.
S het jedes Gschöpf bloß wenig Zit;
der Schöpfer selber, seller blit!

So schick di dri. S isch unser Gwinn,
aß mer z erst do, dno derte sin.
Dia Seel, wu tiaf im Glaübe stoht,
goht nuf, wenn s d Matte nabi goht.

Mi Herz, sei wege dem nit bang!
Do sin mer kurz, dert ene lang.

Im Stille dra denke . . .

Wer hets schwer?
Seller, wu muaß goh,
oder seller, wu blit do? –

Mitnander im Stille dra denke,
s Vertroie schenke
im liabste Kamrad
un im güetige Gott,
aß er d Kraft ge wott,
bim Enander-verlo. –

Kraft,
zuam s Lebe witerst z bstoh,
un tröstligi Fraid,
bis s Letzti
zuam andre derf goh.

Di Bild

Wia d Zit vergoht!
Gli d Christnacht kunnt,
e helle Stern,
e stilli Stund. –
Denk driber no,
dno wirsch s verstoh.

Glaüb s, miner Trei,
s goht schnell verbei,
der Sorgeberg,
s ganz Menschewerk.

Jo, d Zit vergoht!
Dü frogsch: Was stoht?

Stoh blit di Bild,
wird zua dim Schild
wia s zeichnet isch.

Halt, was dr saisch!
Blib, wia dr bisch!
Grad üs isch guat.
Glaüb, ohni Muat
verk aüfsch di Recht;
dno goht s dr schlecht.

Kennsch jetz di Bild?
Frogsch dno: Was gilt?

Um d Liabi bitt!
Dia gilt! Dia blit! –

Nacht, bring mer Ruaih im guate Sinn,
e Stindli, wun i zfride bin.
Dno kumm Neijohr
dur s ewig Tor!

Zruck luag i nit,
mach viri d Schritt.

Still un bsunne

Zwiifle,
dno findsch sell,
wu dr sunst nit findsch.

Wir still,
dno hersch sell,
wu dr sunst nit hersch.

Bsinn di,
dno weisch sell,
wu dr sunst nit weisch!

Uf dr Suachi

D Ruaih suach i,
s Schwiige,
s Still-si in mir selber,
aß i zuahorche kann,
Dir,
im Herrgott
un mir selber.

S Geborge-si suach i,
d Geduld,
dr Üsglich in mir selber,
aß i vertroie kann,
Dir, im Herrgott
un mir selber!

Muat fir s Guat

Muat fir s Guat,
des isch guat.

Zwenig Muat
git Mißmuat;
z vil Muat
isch Ibermuat.
Dia zwei
sin nit guat.

Fir guati Sache
enander Muat mache!
Des brücht halt Vertroie.

Jetz bhalt frohe Muat,
gib witer, was guat!
So hilfsch Brucke boie.

Vergiß nit . . .

Bloß wer suacht kann finde.
Muasch griible, ergrinde,
siniere, probiere un woge;
aber vergiß nit
vorher
s Gwisse z froge!

Dr bsinnlig Spaziergang

Mitnander d Schritt!
Aber,
i bitt:
Bloß luage un horche,
bloß denke un bsinne! –

Ohni Wort
s still Glick gwinne!

Taütrepfli

Dü bisch Sege vu obe,
üs em ewige Brunne
e winzig-fin Spritzerli.

Fir d Bluame un s Gras
e Trunk zuam lebe!

Oder d Sunne ziagt di nuffi,
un dü derfsch wieder kumme,
üs em Kreislaüf vu dr Natür,
no s Schepfers ewigem Gsetz.

Mol mr e Bild

Kumm, Bruader Moler,
mol mr doch e Bild,
e Bild,
wu dü dich selber drmit schenksch,
so, wia s di Aüg siht,
wia s dü gspiirsch un denksch.
Mol s Bild vu göttliger Natür!
Mol s Traümbild mit dr Sehnsuchtsspür!

Kumm, Bruader Moler,
mol mr halt e Bild,
sei s üs dr Heimet,
sei s üs fernem Land.
Hesch dü des Bild gmolt,
isch s fir mich e Pfand,
wu keini Grenze kennt vu Raüm un Zit,
well s s Bild vum Bruadergeist jo blit!

Di Bild,
sei s bscheide-zahm, sei s lebhaft-wild,
as Spiagelbild üs dinem Herz mir gilt!

S geistig Wese

Dr Summer isch vergange;
dr Herbst isch aü gli z End.
Jetz kumme d Nächt, dia lange,
un bal friart s di an d Händ.

Mr sott mol ebbis lese;
jetz hätt mr jo dr Zit.
E Buach pflegt s geistig Wese,
bi alt un junge Lit.

Maria-Liachtmess

Hit macht d Sunne e hoche Boge,
Liachtmess hän mr jo!
Könnt mr noch dia Alte froge,
d Antwort wär eso:

S härtst vum Winter hän mr zwunge,
sin im neie Johr verdunge,
wu d Natür si Sege git.

S Spinnrad muasch ins Eckli stelle,
Knecht un Mägd s Geld anizelle;
Ziahtag isch es hit.

Aü an d Kerzeweih sottsch denke,
si soll Schutz bi Gwitter schenke.
Dert hilft s Bete jo allei.

D Sunne het e Gumper gnumme,
s Friahjohr isch is bal willkumme.
Im Bür gits Arbet gnua ufs Nei.

Lehn dia alte Brüch nit schelte!
S Guat soll allwil witer gelte!
Froh wird s Sprichwort gsait un g'ehrt,
wia s dia Alte uns hän g'lehrt:

Maria-Liachtmess,
spinne vergess,
bi Tag z Nacht ess!

Heimweh

S Derheime lit gar tiaf im Gmiat,
s Erlebe in dr Jugendzit,
Gehn schnell aü d Johr wu s wachst un bliaht,
s goht mit dr, wand'resch no so wit.

Was dü empfunde, liab un guat,
was Eltre, Gschwister, Freind sin gsi,
s wachst in di ni, in s eige Bluat,
un wird dr Lebtig bi dr si.

D Johr gehn verbei, s stirmt in di ni,
doch s kindlig Glick wird nit verdrängt.
Bisch furt vu dinre Heimet gsi,
gschpiirschs wia mr an dr Heimet hängt.

D Erinnerung an mänki Stund
blit so dr Lebtig dir verwand.
Un wenn dno gwaltig s Heimweh kunnt,
hesch fichti Aüge, isch s kei Schand.

Sunne, bi dim Untergang . . .

So ne Sunneuntergang
mecht is all'wil s Herz ufschliaße. –
Abschied nemme,
doch begriaße
d Hoffnung, wun is ahne loßt,
aß is d Sunne nit verloßt!

Si kunnt wieder,
sei nit bang!

So ne Sonneuntergang
zeigt is, wia in Obestunde
heile mänki Alltagswunde,
wenn mir, ganz tiaf in uns inne,
s Guati suache, d Liabi gwinne.

Loß is Sunnetäg erlebe,
echti Freindschaft froh astrebe.

Bring ins Gmiat e goldne Klang,
Sunne,
bi dim Untergang.

E neie Tag

Z Nacht hän üsgruaiht
Geist un miadi Glider.
Jetz, am Morge friah,
kunnt d Sunne wieder,
verzauberet mit ihrem Schiin
dr Wald un s Feld,
zindet is d Hoffnung a
fir heili Welt.

Hol s Morgeliacht
ins bsinnlig-froh Gedenke!
Dno wird dr Herrgott
dir vu neuem schenke
e Strahl vu sinre Sunne,
Muat fir s Guat. –

Wer so dr Tag afangt,
dem glingt sell,
wun er tuat!

Blib eso!

Mit Muat dur s Lebe goh,
grad üs im Guate noh.

Nit jedem Gschwätz noh goh,
wenn s si muaß anistoh,
sich nit vertribe lo.

Was unrecht blibe lo,
aü s Bruaders Wort verstoh.

Mit Fraid an d Arbet goh;
pack zua enanderno,
sunst reuts di hintenoh.

Sei zfride, bsinnlig-froh!
Fir des isch s Lebe do.
Freind,
blib eso!

VII
In s Herrgotts Nechi

Im Bruader d Hilf, im Herrgott d Ehr!
Des isch im Gwisse si Feierwehr.

Wallfahrt

E frohe Muat brücht all'wil unser Lebe.
Wer iber s Sorgetal e Bruck will boie,
wu sicher Halt git bi dem Menschestrebe,
der schenkt dr Müttergottis si Vertroie.

Fir d Müttergottis gits vil Gnadeort.
Vu ihre Fürbitt kunnt is Hilf un Kraft,
wu unser Herz ufschliaßt fir s göttlig Wort,
un uns mit Gottvertroie Fride schafft.

Zum Martinstag

Dr heilig Martin isch e Mann,
wu mr voll Fraid verehre kann.
Soldat un Mönch isch er erst gsi,
Bischof vu Tour dno obedri.
S Rezept vu ihm vil Wunde heilt:
Martinus het halt christlig teilt!

Hoch obe sitzt er, uf em Roß;
dr Bettler nebedra fast bloß.
Martinus siht des Elend a,
häut d Helfti vu sim Mantel ra.
E Zeiche git der Gottesmann,
as s Schwert sogar no Guats tua kann.

Des guati Werk, vu Herze gmacht,
isch wia e Liacht in finstre Nacht. –
Am Martinstag tian d Kinder trage
Latärnli, sit üralte Tage,
un zeige, wu bi s Bruaders Not,
fir uns dr richtig Weg dur goht.

Dr heilig Martin isch e Mann,
wu mr voll Fraid verehre kann.
Si Vorbild leuchtet froh bis hit,
bringt Sege aü in unsri Zit.

Vum Santiklaüs

S Johr isch gli z End un d Arbet gmacht.
S git d Vorfraid uf dia Heilig Nacht.
Mänk bsinnlig-frohi Stund gits z Obe.
E warmi Stube tuat mr lobe.

Do gohts, wu s kleini Kinder het,
an einem Obe spot ins Bett.
Z erst kunnt dr Santiklaüs, begehrt,
aß d Kinder zeige, was si glehrt.

Si sage Sprichli un tian bete,
verrote aü, was si gern hätte;
bikumme üs em Sack e Teil,
mänkmol isch aü e Ruate feil. –

Des Kinderglick isch alt un nei.
Doch, s Bsinnlig-still, sell isch verbei.
»Sankt Nikolaus aus dem finstern Wald«
der gits hit nimmi, des isch z alt.

Wu friahjer er marschiart im Dunkle,
tuats toisertfach hit flimmre, funkle.
Un kei Knecht Ruprecht goht meh mit. –
Mr lebe in re andre Zit.

Vor em Friburger Minsterturm

Stern,
Kriz,
Bluame;
steinerni Psalme
üs christlige Zite –

wu d Beter un d Boier,
im diane fir d Ehr
vu dem Eine no einig,
des Zeiche vum Glaübe
zuam Himmel nuf grichtet
un d Glocke as Riafer
fir s Gwisse verstande! –

Len is bewahre
des Offebare!
Mir wän erhalte
eich ehrfirchtigi Gstalte!

S guat Werk do unte
het allewil gfunde
was ewig wird blibe.

In Himmel tian schribe
zuam heilige Name
unser briaderlig Ame!

. . . türme sich uf

Unseri Jährli
türme sich uf
bis zua dr Krizbluame nuf.
Herrgott,
schenk is no mänk guati Stund,
aß s Werk vollendet,
wenn s Amen kunnt.

S Glocke-lite

D Glocke lite
sit üralte Zite.
Si riafe zuam bsinne,
zuam kumme;

im Herrgott z Ehre;
s Guati nähre;
dr Sinde wehre;
dr Fride mehre. –

In hitige Zite
tuat s Glocke-lite
mänki stere,
wän s nimme here,
tian ufbegehre
un sich beschwere. –

Wer kann s Gwisse entbehre?

Vor em Sakramentshisli

Vil hundert Johr
mit Glaübe un Zwiifel,
mit Fride un Kriag,
mit Lebe un Tod.

Vil hundert Johr
mit Andacht un Liader,
mit Trost un mit Hoffe. –

Vertroi dinem Gott!

Z Morge bete

Üsgruaihti Glider.
D Sunne kunnt wieder.
D Aüge, si sehne dr heiterhell Tag.
Z Nacht sorgt un bangt mer.
Herrgott, i dank dr!
Hoff, aß zuam Liacht aü Di Kraft kumme mag!

Jetz hab i gwunne.
S wärmt mi Di Sunne.
Hesch mi jo ufgweckt zuam hitige Tag.
Stärk mi im Guat-si!
Ziag mi zua Dir hi,
aß i mi Tagwerk an s Zil ani trag!

VIII
S Fest dr Liabi un s End vum Johr

No em Fest dr Liabi goht z End s alt Johr. –
Was hab i zwegbrocht? Was nimm i mir vor?

Sellemols
(Nach dem Lukas-Evangelium)

Sellemols,
wu dr Kaiser Augustus regiart het,
hän sich alli miaße ufschribe lo,
e jede in sinem Heimetort.

Wege dem isch dr Josef vu Nazareth
uf Bethlehem gange.
Er isch üs em Gschlecht vum David gsi.

D Maria,
si versproche Wib
isch in andere Umständ gsi.
Si isch eneweg mit.

Un grad in Bethlehem
isch dere Fraü ihri schweri Stund kumme.

Scho sellemols
hän si nianers kei Platz bikumme.

Un eso het d Maria
mittle in dr Nacht,
im e Stall
ihre erst Biabli uf d Welt brocht.

Si het s Kind in Windili igwicklet
un in e Kripfli ni
uf s Straüh glegt. –

In dr glichlige Gegend
sin in dere Nacht
Hirte uf em Feld gsi
un hän ihri Schofherde ghiatet.

Uf eimol isch e Engel
im e helle Schin vor ehne gstande
un het gsait:
»Ferche eich nit!
I verkind eich e großi Fraid.
Hit isch in Bethlehem,
in dr Stadt vum David,
Christus,
dr Heiland
gebore!

S derf eich e sicher Zeiche si,
wenn ihr s Kind suache:
Ihr finde s im e Stall,
im e Kripfli in,
in Windle igwicklet.«

Gli druf
het e ganzi Schar vu Engel gsunge:
»D Ehr isch im Herrgott im Himmel obe!
Un dr Fride uf dr Welt
ghert dene Mensche,
wu e guate Wille hän! –«
D Hirte sin alli mitnander uf Bethlehem gange
un hän s Kind gsuacht.

Si hän s gfunde,
s göttlig Kind,
armselig,
im e Kripfli
im Stall inne.

Alli hän sich gwunderet. –
D Maria
het ihre Kind liab versorgt
un alles,
wu gschehne isch,
in ihrem Herz inne ghiatet. –
Un hit?

Suachs! Finds! Hols!
s Kind mit em Fride
vu sellemols!

Im Stern si Liacht

Z'vil Wort sin wen'ger fir dia Nacht,
wun-is mit Liabi glicklig macht.

Wink ab, wenn prahlig Liacht di lockt!
Stupf seller, aß en s Gwisse schockt,
wu liablos uf em Geldsack hockt!

Hilf dene, wu vum Hunger plogt!
Hilf sellem, wu no Wohret frogt!
Hilf jedem, wu dr Fride wogt! –

Isch d Heilig Nacht nit finster gsi,
wia d Welt vu hit? Was denksch drbi?

Im Stern si Liacht nimm zua dir ri;
des zeigt dr Weg, wu mir mian hi.
Bloß d Liabi schafft s Geborge-si!

Kneie vor s Kindli

S isch kalt! Stockdunkli Nacht lit uf em Feld,
wu armi Hirte ihri Schofherd hiate.
Uf eimol wird s ganz hell am Sternezelt
un Engel kinde Fride dere Welt.
Der Herrgott selber tuat sich uns abiate.

Un d Hirte gehn, wia d Engel gwise hän.
Si finde s Kindli. Uf em Straüh tuats lige.
Si kneie ani, wel si bete wän,
wel si dem Kindli s ganz Vertroie gen. –
Dr Glaübe schwätzt nit; er sait Dank mit schwiige.

O heiligi Nacht! Dü bisch scho lang verbei,
doch kann di Leichte aü no uns erfille.
Dü göttlig Kind! Dü schenksch di jetz uf s nei.
Doch, wer blit dinem Wihnachtsfride trei?
Wie halte s d Mensche mit em guate Wille?

S isch kalt un Nacht!
Vum Nid isch d Welt verwirrt
un mänke stoht im andere vor d Sunne.

Kneie vor s Kindli, wia dr ärmsti Hirt,
aß d Nacht dur d Liabi iberwunde wird! –
Mer mian dr Fride halt enander gunne!

Zuam Fest dr Liabi

E Fest dr Liabi? – Wer s bedenkt,
mit jeder Gob aü s Herz mit schenkt,
zum mänke liabe Wunsch erfille.
S größt Gschenk isch mänkmol guate Wille!

Mit guatem Wille, frohe Muat,
wird viel uf dere Welt no guat.
Mr derfe nit bloß jomm're klage;
gits Sorge: Dia mitnander trage.

Un d Fraid wän mr enander gunne!
Dodrüs wird s Zfridesi jo gwunne. –
Zua dene Festtag s Herrgotts Sege!
An dem isch all'wil s Meist no glege.

Denk an des Kind

Im kalte Stall uf Hei un Straüh
bettet si Kind e guati Fraü.
Wel d Welt kei Platz fir d Liabi het,
wird s Kripfli gar zuam Herrgottsbett.

Verblendet isch der Mensch vu hit.
Wia sellemols, zua der Christnachtzit
sin d Tire zua, wenn eins klopft a
un mecht e wengili Wärmi ha.

Denk an des Kind im kalte Stall.
S begegnet dir jo iberall.
Was dü aü tuasch, dr websch dr s Kleid,
wü dü aziagsch fir d Ewigkeit.

Web mänke goldne Fade ni
mit guatem Werk! Lehr zfride si!
Dno sihsch des Kind im Himmelsgwand.
S het uns un d Welt ganz in der Hand!

Winterkalt

Winterkalt
Feld un Wald.
Stei wia Nost,
Schnee un Frost.
An dr Fenster sin Bluame üs Iis,
Dornekrone un Tanneris;
Leid un Fraid, alli Beid.

Menschekind,
zua dr find.
Nebe dir
luage vir,
Not un Sorge vu so vile Lit.
Wottsch aü helfe, aß Glaübe no blit.
Sege bringt e guat Werk!

Herr vum All!
Im e Stall
kunnsch uf d Welt,
aß es hellt.

Ligsch im e Kripfli un bisch eso arm;
gisch mit dr Liabi dr Mensche doch warm.
Fride schenk is,
liab Kind!

Vor dr Krippe

Eb s Johr sich ganz zuam End tuat neige,
kunnt s Fest dr Liabi, d Wihnachtszit.
Vor Fraid un Ehrfurcht wän mr zeige,
wia s göttlig Kind im Stall in lit.

Des Gheimnis vu dr heil'ge Nacht
zeigt mänki Krippe voller Pracht.
Un was mr gern het, sott drbi
ganz nooch bi unsre Heimet si.

Eifach dr Stall verschiedner Gstalt,
e zsämmezimmret kleine Raüm.
Dr eind holt Baümklötz üs em Wald,
e andre bastlet sunst si Traüm.

S isch eitua. S Wichtigst isch drbi,
s muaß uns e echt Begehre si,
des Wihnachtswunder bi sich z ha. –
S kunnt u di guate Wille a!!

So boie halt im Herr vum All
e Herberg, aß er bin is blit.
Maria, Josef, mit im Stall,
gen s guati Beispiel aü fir hit:

E Helfer isch fir rich un arm
dr Stern dr Liabi! Er git warm!
Un d Krippe zeigt sit alter Zit,
aß s göttlig Kind si Sege git.

Dü ghetzte Mensch

Dü ghetzte Mensch,
witt zfride si,
halt emol still!
Horch in di ni! –
Nit z'erst uf s Ussedrum kunnt s a.
Dr Herrgott het e Kripfli gha! –

Erkenn dr Sinn dr Wihnachtszit:
S kunnt ganz druf a,
was dinne lit!

S nei Johr fangt a

S nei Johr fangt a!
Wer denkt nit dra,
was uns des Jährli wider bringt?
Was wird vergrote un was glingt?
S bringt Sunneschin un triabi Tag!
Vergesse, was aü kumme mag,
dr Herrgott un dr Bruader nit,
dno goht dr Sege wieder mit!

S nei Johr fangt a!
Vum Kirchturm ra
riaft s Glockeliad wit nüs in d Nacht.
Mach s Fenster uf! Gib guat druf acht,
was dir un mir des Glit verzellt:
S wär besser um is alli bstellt,
wenn d Fehler üs em alte Johr
im neie nimmi käme vor.

S nei Johr fangt a!
Kumm, halt di dra.
Sei flissig un blib froh drbi,
dno kannsch am End gwiß z fride si!

Muat un Kraft fir s nei-i Werk

S Johr isch e Zitmaß fir Natür un Mensch,
un s isch e Gschenk, wu kunnt un wu vergoht.
S wird guat si, wenn dr nit zua iilig rennsch.
S gilt z iberlege, wu mr selber stoht.

Isch s Friahjohr voll Verlange, bliatefroh,
dr Summer voller Miaih un briatig-heiß,
so zeigt dr Herbst, ob guati Ern isch do,
un ob mr, nooch am Zil, jetz Bessers weiß.

Wia s Kernli kiimt un zua dr Sunne will,
sich d Blettli strecke, aß e Halm drüs wird,
wu d Ähre trait – s isch d Frucht un s Artezil,
wenn sich nit s Guat im wilde Gstrüpp verirrt.

Eso isch s Lebe vum e Menschekind;
s bringt guati Frucht, wenn s zua sich selber find.
S Gsetz vu Natür tuat helfe, ordne, mahne,
no s glichlig jetz, wia friahjer bi dr Ahne.

Bim Kernli kunnt s uf guate Bode a,
s Geborge-si brüchts, aß es nuffi kunnt.
S het netig guate Halt vu nebedra,
aß es zuam Taü sich streckt, sich obe sunnt.

Un wenn dr Wind s jung Pflänzli schittle wott,
aß es fast bricht, küm s Wetter iberstoht,
die glichlig Art ihm Schutz un Hilf ge sott,
well mitenander alles besser goht.

S isch bi dr Mensche grad eso bis hit.
E guat Derheime in dr junge Johr,
halt e recht Vorbild gsunde Bode git
un d Gmeinschaft schützt vor Irrweg un bi Gfohr.

Un d Liabi, des isch d Sunne alli Zit,
wu s Lebe menschlig macht, wu Wärmi git,
aß nit im Triabe gfischt wird voller Niid,
aß der, wu s Guati suacht, noch Quelle siht.

Sin s vili Johr scho, wu dr Mensch zruck denkt;
mänkmol sin s guati, mänkmol schlechti gsi.
Solang dr Himmel uns dia Jährli schenkt,
wenn mr vu Herze drfir dankbar si.

Wenn guate Wille uns zuam Rechte tribt
un mir fir d Wohret Ohr un Herz ufschliaße,
wenn jeder hilft, aß uns dr Fride blit,
dno kann mr hoffnungsfroh s Nei-Johr begriaße.

Im stille Winter wänn mr guat uns bsinne,
wän Muat un Kraft fir s neui Werk mit gwinne,
aß Friahjohrliader, s Sunnegold vum Summer,
wit iberstrahle s Bang-si un dr Kummer.

Vertroie hilft! Nit zögere un wanke!
So sin am Afang unseri Gedanke!
Im Friahjohr bliaiht s, im Summer riife d Ähre,
mit Fliß un Sunne wird s aü Herbst dno were,
e Farbepracht un volli Reberanke! –
Hän mir nit Grund, im Herrgott herzlig z danke?!

Zit, Johr un Tag

E Sternli üs dr Kinderzit,
wu s Lebe lang so liab uns blit,
z Wihnachte kunnts ganz liesli-still.
Jetz bsinn di was es sage will.

Ball druf muaß dno s alt Johr sich dummle.
S git nit meh z biege dra un z fummle!
S nei Johr fangt a mit eigne Zahle
un s Herrgotts Mühle mahle, mahle!

Gang gradwegs Pflicht un Fraide noh;
kei Arme loß mer hungrig stoh;
was guat isch nimm für hit gli vor;
so bindele üs Tag s neu Johr!

Un d Jährli bindlet der dert obe! –
Pack muatig zua, dno wird er s lobe.
Was dü im Tagwerk schaffsch des blit,
s git d Jährli, un dia gen di Zit!

IX
Gschichte üs em Lebe

Gschichte soll mr iberdenke.
Si wän Hilf fir s Lebe schenke.

D Schaukel am Birbaüm

Am End vum Dorf stoht e Bürehof; dr Stall un d Schiire sin eng mit em Wohnhüs zsämmeboit. Mittle im Garte isch e große, knorrige Birbaüm. Dr starke Äst no stoht er scho e paar Gschlechter lang an dem Platz. In dene vile Johr het er mit sinem Bliahje un mit dr zitige Bire allewil großi Fraid gmacht. E bsundere Spaß hän als dia Allerjingste gha, wenn an sellem waagrechte Ast, mit zwei Seiler un mit eme schmale Brettli, e Schaukel ufgmacht wore isch. S het e Wusele un e Dränge ge, bis alli dra gsi sin. Mit eme schneidige A'schucker isch dia klei War in Schwung kumme, mit dr Fiaßli vorüs, im sunnige Himmel entgege. Des isch fir alli Kinder vum Bürehof e unvergeßlig Erlebnis gsi, e Stickli Kinderparadies.

D Johr sin vergange. D Elsa, s ältst Maidli vum Hof, isch grad sibzehni wore, wu dr Birbaüm wieder sini wisse Bliahte zeigt het. Vu sinem Fenster üs het d Elsa jede Morge iber dr Buck hinterem Garte gluagt, zuam e neie Hüs ani, wu dert an dr Stroß gstande isch. In selem Hüsgarte isch e jungi Birke gstande. In dr Morgesunne het der wissi Birkestamm gleichtet, as wenn er e hell-zart Band si sott, wu dr bliahjig Garte mit em blaüe Himmel verbindet. Bi dem scheene A'blick wandere d Gedanke vu dem junge Maidli niber in sell Hüs, wu e schneidige junge Burst derheime isch. Obwohl si no nia mitenander gschwätzt hän, tuat d Elsa seller Jingling heimlig verehre. Iber dia gheimi Fraid wird s küm dribernüs kumme. Selli Familie isch jo vil richer un nobler, un si sin nit vu do.

Monet um Monet vergehn. Wu d Bire zittig wore sin, isch im Dorf s Erntedankfest gfiirt wore. Do isch Tanz im Festgarte un s git fir d Elsa e großi Iberraschung. Dr jung

Mann üs em Hüs mit dr Birke holts zuam tanze. Des isch grad seller Tanz wore, wu no altem Brüch einem vu dr Päärli e Überraschung bringe soll. Grad wu dia Zwei im azeichnete Kreis ihri Tanzbei schwinge, hert d Musik schlagartig uf.
Alli klatsche dem Paar zua, si bikumme e Wipräsent un d Tänzeri obedri e Bluamestrüß. Des Maidli strahlt vor Glick un denkt im Stille, dia Fraid paßt zuam Bild am Morge friah, wenn s zuam Birkestamm niber luagt. Bim trinke vum Ehrewi klopft em s Herz schneller, un s het, nebe dem schneidige junge Mann, wu sich nett un bscheide git, e rot Kepfli bikumme. D Wort, wu si mitnander wechsle, kumme zaghaft, fast eweng scheniart. Aber s kann s jedes merke, aß si vu Herze kumme.
Derno schlendere dia Zwei nebenenander im Eltrehüs vum Maidli zua. E paar Meter vum Birbaüm eweg gohts zua dr Hüstire. Dr Abschid isch fast nur höflig, nit emol zuam e Schmitzli hets glangt. Anstatt e inner Glick z gspiire, isch im Herz vu dem junge Maidli e Stick wit Enttäuschung un e neui Sehnsucht wieder izoge.
An einem vu dr nächste Morge, wu d Elsa wieder niber luagt in d Richtung vum Birkestämmli, do bricht em fast s Herz. Mr macht sich grad drmit z schaffe, dia jung Birke ab-z-säge un dr Wurzelstock üszgrabe. E Stick wit were Pflanze un Bluame vum Garte rüßgrisse; s muaß schiints Platz geh, ebbis ani z boie, emend e Garasch.
Fir des Maidli, wu eso mit dr Natür verwachse isch, isch des fast unbegrifflig. Des ziarlig hoffnungsvoll Baimli muaß sterbe, aß moderni Asprich jo nit z kurz kumme. Dr scheen Üsblick am Morge, wu ihm e Sinnbild fir Liabi un fir Sehnsucht gsi isch, het mr ihm eweggstohle. S het als am Morge nimmi niber luage kenne.

Mit sinem zruckhaltige Wese, wu s gha het, het d Elsa nia meh ebbis vu dem junge Mann in Erfahrung bringe kenne. S het vil schlucke miaße, bis dia Enttäuschung einigermaße iberwunde gsi isch.
Aber, wia s eso heißt: D Zit heilt Wunde. Dr alt Birbaüm het doderzua gholfe. Er isch halt wirklig e Zeiche vu Treui gsi, het witerst bliaiht un Frichte brocht.
Üs dem Maidli isch allmählig e jungi Fraü wore, wu driber no denkt, wia s im Lebe witerst goh soll.
Dia himmelstürmisch Sehnsucht isch nodsno dem Gedanke gwiche, wu d Pflicht dr alte Eltere gegeniber merke loßt. Si hän kei Suhn gha, un d Elsa isch dia ältst Tochter. Jetz wirds halt s Best si, si luagt sich um e Lebenskamerad um, wu mr kann gern ha un wu aü uf dr Hof paßt. Si gspirts, aß si verpflichtet isch, s Werk vu dr Vorfahre witer z fiahre un dr Hof in eigene Händ z bhalte. E jungi Famili soll wieder nei Glick ins Hüs bringe.
Eso het sich des liab Maidli mit dr Tradition vu dr altigsessene Bürefamili zrecht gfunde un sich des zuam Zil gsetzt, zuam Lebenszil. S het dr Entschluß fest im Herz inne trait, bim Schaffe, bim Traime un bim Bete. Un mänkmol het s in dr ehrlige Vorfraid vor sich anigschmunzlet un denkt: Mer wäre, wenn s Gotts Will isch, bal emol wieder e Schaukel brüche am Birbaüm.

Hesch Zit fir mi?

Üsgrechnet am schualfreie Samstig het dr Peter wieder mit nüssi miaße, in d Rebe. S ganz Johr dur plogt eim dia Schinderei, meint er. Si Mütter sait allewil, des sei guat fir der jung Kerli, dno käm er nit uf dummi Gedanke. Mit sine fufzeh Johr het er allerdings aü anderi Gedanke im Kopf. Nit grad d Maidli, sell hät no Zit, meint er. Vil meh isch em dr Sport an s Herz gwachse. Aber dodrbi het er so ibertribine Asichte, aß d Mütter mänkmol fast verzwiifle mecht. Anstatt, wia anderi, sich mit Fuaßballspiele, mit Leichtathletik oder Turne zfride z ge, traimt s im Peter vu Segelfliage un vu Drachefliage, as ob si Mütter doderzua Geld hät. Si muaß jo miahselig gnua no e groß Stick Rebe rumrisse, wel d Versorgung vum gstorbene Mann her hinte un vorne nit lange will. S het scho mänkmol gwetteret wege dene verruckte Plän, wia d Mütter als sait. Wenn dr Bua emol mit-ere driber rede wott, isch ihre Schlagwort: »I will nit meh here, vu dem gspunnene Zig! Tätsch gscheiter meh ani hocke un fir d Schual lehre, as dia ganz Zit mit em Lese vu dene Biacher tot z schlage un no Geld drfir üsge.«

E weng e Trost, oder besser gsait e Ablenkung, het dr Peter als bi s Nochbers Monika. Wenn er dere vu sine Flugtraim verzellt, vu Hangwind, vu Kummuluswulke un vu Thermik, dno luagt en des Maidli mit sine nette große Aüge a, as wenn s dr Graf Zeppelin oder gar e Astronaut vor sich hät. S isch halt no e arg jung Ding, un mit em Stüüne allei isch es kei rechti Gsprächspartneri fir dr Peter. – Jo, fir dr Bua un fir si Mütter isch des enander Nitverstoh arg. Wenn so e ufgweckte Bua nit e weng Luftschlesser boie derf un derheime niames het, wun em emol zuahorcht, dno isch er arm dra. Un dr Mütter got s nit vil besser, well si fir d Arbet un fir s Spare nit allewil Verständnis findet bi ihrem Bua. Drbi isch er dr einzig, wu si het. Zuam Glick kunnt hi un da dr Unkel Hermann zua-nene, meistens z Obe zwische Fiir un Liacht. Mr weißt nit, well vu dene zwei sich am meiste uf der Bsuach frait. D Mütter erwartet vu ihrem Bruader Hermann e paar mannhafti Mahnwort fir dr Jung; un seller weißt, aß ehm dr Unkel e weng zuahorcht, wenn er vum Segel- un Drachefliage verzellt. Im letzte Summer het en dr Unkel sogar mitgnumme binere Tirolfahrt, grad wegenem Drachefliage. Sell Erlebnis vergißt er nimmi.

Wun er wider am schwärme un verzelle isch, dr Peter, isch d Mütter zua dr Stube nüssi gange. Sit em letzte Bsuach vum Unkel het em dr Peter e paar neui Sache verzelle kenne. Er steigeret sich in des Fliagerthema ni un red vu Muat un vu notwendigem Schwung, wu halt e junge Kerli brücht, wenn er an e Zil kumme will.

No dem geduldige Zuahorche het dr Älter, wu bi schlechte un guate Zite in dr Lebensschual sini Ufgobe het löse miaße, selber emol s Wort gnumme.

Waisch, Peter, het er agfange, ich bin aü emol jung gsi. Aü bi mir het s bloß abgwechslet zwischenem Baim-rüss-risse-welle un zwische Luftschlesser boie. Ich hab e andere Tick gha wia dü. Ich ha as Kapitän mit eme große Schiff welle uf alle Weltmeer rumfahre.

Dr Peter will grad ebbis zwischeni sage; do sait ihm dr Unkel gli: Peter, jetz schwätz ich un dü bisch am zuahorche, eso, wia s ich vorher bi dir gmacht hab. Aü des will glehrt si. Des Rezept vum Enander-zuahorche-kenne wär fir dich un fir di Mütter Gold wert. Bloß eso kunnt mr enander necher un kann sich verstoh.

Also, Peter, dü weisch es jo. Mini Kapitänsplän sin in s Wasser gheit. Z erst hab i miaße um e Lehrstell rumrenne – s isch nit besser gsi wia hit –, speter ha i als Schlosser mi Brot verdiant un nomol speter als Meister in dr Maschinefabrik.

Un hit, wun i d Altersgrenze iberschritte ha, do langts mr ordli, was i üs meh as viarzig Schaffjohr bikumm. I habs nit zuam s Fenster nüss z werfe, aber s langt, un i bin zfride. Des hän is d Kriagsjohr un selli hintenoh glehrt. Des klei Stickli Rebe, wun i ha, git mr – wenn s nit haglet – fir s ganz Johr dr Trinkwi un no e weng ebbis, so e Pölsterli, fir e netti Urlaübsfahrt.

Eb dr Peter hät ebbis dodruf sage kenne, kunnt d Mütter wieder in d Stube ri. Si stellt e Fläschli Wi un Gleser uf dr Tisch. I ha denkt, s verzellt sich lichter, wenn mr e Schlickli drzua trinke kann. Hesch s verrote, sait ihre Bruader, un schenkt i. Er isch jo do grad wia derheime.

Z erst hän si »Gsundheit« gsait, bevor si dr erst Schluck gnumme hän. Un s isch gsi, as ob d Mütter emend vorher hinter dr Tire glüsteret hät, wu dr Unkel Hermann drvu geschwätzt het, aß mr enander zuahorche sott; dia Alte dr Junge, well dia aü eigini Gedanke brüche, wenn si mit em Lebe Meister were solle, un dia Junge in dr Alte, well selli e mänk Lehrgeld scho zahlt hän fir sell, wu mr Erfahrung heißt.

S het miseel e ordlig Gspräch ge, seller Obe. Dr Bua het allmählig igsehne, aß uß eme zua gwogte Höheflug e Notlandung were kennt, ähnlig, wia dr Unkel mit em Kapitänstraüm si Schiffbruch erlitte het. Un d Mütter het sich vu ihrem Bruader drvu iberzige lo, aß der jung Burscht, wenn er eso flissig mitschafft, wia siterher, aü e eigini Meinung ha derf.

S isch sogar no gmiatlig wore, wia dia drei binander gsi sin. Wu dr Unkel üs sinere Jugend e paar Buabestickli verzellt het, het s im Peter scho guat tua. Un zua sinere Schwester het dr Hermann gsait: »Dü bisch als aü so-ne Fegnest gsi. Dr Vater het als gmeint, an dir wär e richtige Lüsbua verlore gange.« Un, mr sott s küüm glaübe, d Mütter het dodriber selber in sich nii-glacht, wia ganz selte. Dr Peter het gschmunzlet un denkt: Dia sin aü nit anderster gsi wia mir. Un wenn si eso ehrlig am verzelle sin, luagt ene dr Spitzbua hit no zua allene Knopflecher rüs.

Bi dem Schwätze, Zuahorche un e Spässli mache isch s Vertroie zua-enander echt lebendig wore. »Eso Stunde sott mr vil mehmol mitnander ha, un vor alle Dinge nit erst, wenn dr Grabe zwische dr Mensche z tiaf wore isch.« Bi dene letzte Wort vum Unkel Hermann hän sich d Mütter un dr Peter agluagt, un des het alles gsait, was si enander hän sage welle.

Jetz isch es Zit gsi, zuam in s Bett z goh. Dr Unkel het si Glas üstrunke un zuam Peter gsait: »Wenn dr des nomol iberlegt hesch, was mr hit z Obe iber di witere Weg gschwätzt hän, dno kannsch emol zua mr kumme. Mr were mitnander scho s Rechti finde.

D Mütter het ufgschnüft un im Bruader uf d Achsle klopft. Un dr Peter het si Unkel gfrogt: »Hesch morn z Obe Zit fir mi?«

Unser Landesfürst

An dem einde Stroßeecke im Widorf isch mers allmählig gwehnt, aß Autobremse quitsche un sich zwee Fahrer dno gegesitig d Schuld gen. Well s Laüb, wus in dene Tag vu dr Baim ra jagt, noch zimli dick uf dr Stroß un uf dr Stege ins Wirtshüs nufi glege isch, het s vor dere dopplete Stege kracht, well ei Auto uf em fichte Laüb üsgrutscht un an s ander anigschlitteret wore isch. Zuam Glick bloß kleine Blechschade, aber großi Ufregung. Wenigstens sin dia zwee beteiligte Fahrer so vernimftig gsi un hän sich mitnander an e Tisch in dr Wirtschaft gsetzt, zum Schade üszgliche. Ob so ganz üs freie Sticke, weißt mr nit. Uf alli Fäll isch es eso aü ohni Polizei gange.

Dia unvorhergsehneni Sach het im Jochen, eso heißt dr Pechvogel, drei Viartelstund vum Morge kostet, wun er fir sini Erledigungen notwendig hät brüche kenne. E gwisse Trost bi dem Verhandle wegenem itroffene Schade git dene zwee e guat Gläsli Wi. Schad, meint dr Gsprächspartner vum Jochen. I muaß fit blibe zuam Autofahre. Sunst hätt i gern no eins trunke. Unser Wi isch e Fürst! Des het grad dr Wilhelm no mitbikumme, dr guat Geist vum ganze Hüs, un bsunders vum Keller.

Dia beide hän üstrunke un sin gange, jeder sinem Gschäft no. Dr Jochen het as Vertreter fir Kellereiartikel Wigiater un Winzergnosseschafte z bsuache ka. Do het er halt dr Tag dur »mänks schlucke miaße.« Z Obe isch er zuam Ibernachte wieder in d Wirtschaft kumme, wun er am Morge unfreiwillig scho emol gsi isch. Er isch mit e paar Lit vum Ort am Stammtisch gsesse, well en s Gspräch mit dr Lit allewil intressiart. Nebenem Esse het er scho s zweit Viartili Wißherbst vor sich gha. S sin jetz grad d

Herbsttäg gsi. Do hän bloß e paar vu dr ältere Generation Zit in d Wirtschaft z goh. S sin alti Rebbüre. »S het ordli ge, mr kenne zfride si mit em Diesjährige!«
Dr Wilhelm denkt: »Sprichklopfer! Was wisse aü ihr!« Er het grad e Steigli mit Dreiviartiliflasche üs em Keller rufgholt gha, fir d Gäst im Nebezimmer. Un bim Iberlege, ob dr nei Johrgang dr Verglich üshalte wird mit dem Fümpfjährige, wun er grad rufgholt het, schmunzlet er im gheime un sait fir sich ani: »Wenn dia wißte, aß unser Spätlese vu gestert 142 Öchsli gha het!«
Dr Wilhelm luagt dur dr Tirespalt ins Nebezimmer. Dert sitzt dia feiner Gsellschaft. S isch recht, fir dia hän mr unsri Wikarte mit wirklige Kostbarkeite. Do un dert sitzt aü e Päärli ganz fir sich ame Tisch. Do hilft e guat Trepfli mänkmol mit, aß d Liabi nit z kurz kunnt.
In dr Wirtschaft selber, bsunders am Stammtisch, do wird vu dr Rebumlegung un andere Reforme gschwätzt. D Meinunge gehn nit selte kriz un quer. Bi einem Thema aber were aü dia e weng Burschikose und Rechthaberische gmiatliger. S Thema heißt: »Was meinsch, was wird üs em Neie?« S were e paar Hoffnungsliachter azunde. Si meine, dr wird recht un bstelle uf der Schrecke hi nomol eins vum Alte.
Im Wilhelm goht s Probiare allewil iber s Stüdiare. Er pfetzt ei Viartili no em andere vu dem no e weng milchigtriabe Neie. Wenn si roti Nase üs Holz wär, dno kennt mr an dr Johresring ablese, wiavil Herbstexame der Wipraktiker scho hinter sich het.
Dr Jochen, er isch meh Zuahorcher gsi, as Diskussionsteilnehmer, er isch erschöpft vu sinre Iberredungskunst dr Tag dur un erholt sich halt mit ere guate Üsdür bim Wißherbst. Dr guat Geist vum Hüs, dr Wilhelm, hockt

jetz nebenem. Ihm schmeckt dr Nei, un dur d Rauchwilkli vu sim Stumpe luagt er wieder ni ins Nebezimmer. Do siht er dia Dreiviartiliflasche uf dr Tisch stoh, fir ihn e Seelebalsam, wenn er d Gütezeiche druf siht. Wurum aü nit, s isch jo si Verdianst als Verantwortlige fir alles, wu mit Keller un Wi z tua het.

Er isch vum e einzige Gedanke gfesslet, wu ihm noch dene schwere Herbsttäg s Zfridesi git:

»Sell Kleberli hole mir wieder uf unseri Flasche mit dr Spätlese!«

Un ohni zua eberem ebbis z sage, ruaiht tiaf im Herz vu dem treie Untertan d Gwißheit: »Wi, bisch e Fürst!«

Biographisches und Schriftenverzeichnis

Karl Kurrus, geboren in Endingen am Kaiserstuhl, lebt in Freiburg. Dort war er als Städtischer Direktor im Dienste der Stadtverwaltung und ist seit 1976 im Ruhestand.
Sein schriftstellerisches Schaffen brachte Gedichte, Geschichten und Liedertexte, zumeist in alemannischer Sprache. Sein zweites schriftstellerisches Anliegen ist die Heimatgeschichte, auch im grenzüberschreitenden Verhältnis zu den Nachbarn in der Dreiländerecke.

Schriften des Verfassers

Die St. Katharinenkapelle auf dem Kaiserstuhl
1962, Verlag Vollherbst, Endingen a. K.
Üs em Kriagli, Alemannische Gedichte
1969/1970, 1. und 2. Auflage, Verlag Rombach, Freiburg
Ruaf in d Zit ni, Alemannische Gedichte,
1972, Verlag Rombach, Freiburg
Land zwischen Rhein und Schwarzwald
Der Landkreis Emmendingen in Wort und Bild
1974, Druck und Verlag, Emmendingen
Der Witz der Alemannen
In der Reihe Landschaften des Humors
1975, Desch-Verlag, München
1985–1988, 1.–3. Auflage, Morstadt Verlag, Kehl
Allewil – Zwische Sellemols un Iber-Morn,
Alemannische Gedichte 1975, Moritz Schauenburg Verlag, Lahr
S lebig Wort, Alemannische Anthologie
Schriftleitung und Beiträge; Herausgeber Muettersproch-Gsellschaft
1978, Moritz Schauenburg Verlag, Lahr
S Eige zeige, Alemannische Gedichte, Sprüche, Geschichten
1979, Moritz Schauenburg Verlag, Lahr
Vu Gott un dr Welt, Alemannische Gedichte und sprachlicher Anhang/
Prof. Matzen
1981, Morstadt Verlag, Kehl
Alemannischi Sprich
1981, Moritz Schauenburg Verlag, Lahr
Unser heimelig badisches Rebland; Schriftleitung und Beiträge
1982, Zentralkellerei Badischer Winzergenossenschaften Herausgeber
Vogtsburg, Heimatgeschichte der Stadt im Kaiserstuhl
1985, Schönbergverlag, Freiburg
Unterwegs in Zähringen,
Aquarellbilder von Norbert Schmitt mit Vierzeilern
1986, Bürgerverein Zähringen-Freiburg

Zähringerstadt Freiburg im Breisgau,
Aquarellbilder von Norbert Schmitt mit Vierzeilern
1987, HAKU-Verlag, Freiburg

Schallplatte

»S Eige zeige«, alemannische und hochdeutsche Gedichte und Geschichten. Hans Beck singt Lieder.
1987, Lilva Musik, March

Beiträge in:

Alemannische Geschichten – Furt vu derheime
1970, Moritz Schauenburg Verlag, Lahr
Badische Städte – Kaiserstuhl und nördlicher Breisgau
1971, Verlag Wolfgang Weidlich, Frankfurt am Main
Badische Heimat
1968, Das Endinger Chörlein im Freiburger Münster;
Zerstörung der Koliburg 1321
1871, Der Kaiserstuhl im Wandel unserer Zeit;
Endingen, Weinstadt am Kaiserstuhl;
Die Endinger Glocken (teils 13. Jh.)
Kaiserstühler in Tovar
1978, Sagen und Bräuche, das Erbe und wir
1982 Der Deutsche Soldatenfriedhof in Bergheim,
René-Schickele-Preis (Woytt+Matzen)
1983, Unsri Alemannesproch un ihri alte Hüeter
1987, In Sulzburg: Die Hubert-Baum-Stube
Schau ins Land, Jahreshefte des Breisgauer Geschichtsvereins
1965, Die unschuldigen Kinder von Endingen – Sog. Christenmord 1462 und Judenverbrennung 1470
1969, Die Wappenscheiben im Endinger Rathaus von 1528
1976, Die Endinger Kornhalle von 1617
Alemannisches Jahrbuch
1971/72, R. W. Brednich + K. K.: Das Endinger Tränenmirakel von 1615 im Lichte zeitgenössischer Dokumente
1973, Konkordia Verlag, Bühl
Der Kreis Emmendingen:
Mundart
1981, Konrad Theiss Verlag, Stuttgart
Leo Wohleb, der andere politische Kurs:
Als Endingen wieder Stadt wurde
1975, Rombach Verlag, Freiburg
Forschen und bewahren:
Die Burg am Koliberg und das Lehen von St. Margarethen
1983, Waldkircher Verlagsanstalt

Weitere Beiträge in
Freiburger Almanach, Illustriertes Jahrbuch
Alemannisch dunkt üs guat, Hefte der Muettersproch-Gsellschaft
Der Schwarzwald, Zeitschrift des Schwarzwaldvereins
Regio-Magazin, Monatsschrift im Dreiländereck
Kaiserstühler Wochenbericht u. a.

Mundartspiele

Im Himmlische Keller;
1950 – Aus der Endinger Geschichte
Heiliwog;
1952 – Weihnachtsspiel nach alten Sagen und lebendigem Brauchtum
Jokiligeist;
1952 – Fasnetspiel
Das Gloria aus zwei Jahrhunderten;
1975 – Zum Jubiläum der St.-Peters-Kirche in Endingen, teils Mundart, teils Hochsprache
Lazarus von Schwendi und seine Heimstätte Burkheim
1983, Jubiläumsspiel

Sendungen im Hörfunk

Lebende Mundartdichter
1961, Südfunk Stuttgart
Katharinenkapelle; Gespräch mit Otto Ernst Stutter
1962, Südwestfunk, Studio Freiburg
Weihnachtsbräuche in Deutschland – Heiliwog
1966, Sender Freies Berlin
Vulkane, Löß und Reben; Großer Kaiserstuhl-Bericht
1983, Schweizer Radio Basel

Weitere Beiträge

in Zeitschriften, Vereinschroniken, Zeitungen;
Mithilfen für Rundfunk und Fernsehen;
Liedertexte und Beiträge auf Schallplatten.

Anerkennungen:

1952, Staatspreis für Mundartspiel »Heiliwog«
1977, Hebel-Gedenkplakette
1977, Ehrenbürger der Vaterstadt Endingen
1981, René-Schickele-Preis
1986, Bundesverdienstkreuz

Worterklärungen

a	an
Adenke	Andenken
amend	am Ende
andri	andere
anikneie	hinknien
Anke	Butter
Arbet	Arbeit
as	als
aß	daß
Äst	Äste
Aschucker	Anstoß
atrait	angetragen
aü	auch
Aüg, Aüge	Auge, Augen
bache	backen, gebacken
Bächli	offenes Bächlein
Baim	Bäume
bal	bald
batte	ausgiebig
bedite	bedeuten
Bei	Bein, Beine
Biabli	Büblein
Biacher	Bücher
biage	biegen
biaße	büßen
bindele, bindle	bündeln
Biri	Bäuerin
bizili	bißchen
bizite	beizeiten
blangere	erwarten
Bletter	Blätter
Bliahte, bliaiht	Blüte, blüht
blib, blibe, blibsch	bleibe, bleiben, bleibst
Bobbili	im Volksmund = Freiburger
boit, boie	baut, bauen
borze	unruhig, herumklettern
Brinne	Brunnen (Mz.)
broch	brach
brote	braten
Brüch, brüchsch	Brauch, brauchst

bschaüt	angeschaut
bschide	beschieden
bsunne, bsinne	besonnen, besinnen
bsunder	besonders
Bua	Bube
Bür, Bürehof	Bauer, Bauernhof
burste	anpacken
buschber	lebhaft
derfsch	darfst
derheime	daheim, zu Hause
dert, derthi	dort, dorthin
di, dinem, dini	dein, deinem, deine
dia	die
dinne	darin
dinn	dünn
dno, derno	dann
do	da
dodermit, doderbi	damit, dabei
dr	der, den, dir
drbi	dabei
drhinter	hintendran
drmit	damit
dra	daran
driaiht, driahje	gedeiht, gedeihen
driber	darüber
drini	hinein
druf, dodruf	darauf
drüs	draus
durcnander	durcheinander
duri	hindurch
dusse	draußen
dürt	dauert
eber, eberem	jemand, jemanden
ebbis	etwas
eigini	eigene
Eltre	Eltern
emol	einmal
enedra, Enedra	drüben; Jenseits
entschliaße	entschließen
Epfel	Apfel, Äpfel
erfille	erfüllen

ergrinde	ergründen
Ern, erne	Ernte, ernten
eweg	weg, fort
ewengili	ein wenig
Fegnest	unruhige Person
fiahrt	führt
Fiaß	Füße
ficht	feucht
Fideli	Vorname gekürzt
Fidili	niedlich für Hinterteil
Fiir, fiirt	Feuer, feuert
Fiirtig	Feiertag
fille	füllen
fin	fein
fir	für
Fraid, fraie	Freude, freuen
friahjer	früher
Friburg	Freiburg
Frog, froge	Frage, fragen
Fründ, Freind	Freund
Fure	Furche
furt	fort
fümpf	fünf
Garasch	Garage
ge, gen	geben
Gehre	Schloß
Geti, Goti	Pate, Patin
gfiahrt	geführt
Gfohr	Gefahr
gha	gehabt
ghebt	gehalten, gehoben
gheim	geheim
gheit	hingefallen; wirft
ghert	gehört
Giater	Güter
git	gibt
glaübt	glaubt
glehnt	geliehen
gleichtet	geleuchtet
Gleser	Gläser
glichlig	gleich

G'lit	Geläute der Glocken
gluagt	geschaut
gmiaiht	bemüht
Gmiat, gmiatlig	Gemüt, gemütlich
gnua	genug
gnaü	genau
Gob	Gabe
gradüs	geradeaus
grian	grün
grible	grübeln
g'richt	gerichtet
grinde	gründen
g'rote	geraten
grüsig	grausig
gsait	gesagt
Gschepf	Geschöpf
gsi, gspiire	gewesen, spüren
gsprattlig	gespreizt, ausgestreckt
gunne	gönnen
gumpe	hüpfen
gwehlt	gewählt
gwehnt	gewohnt
gwunne	gewonnen
ha	haben
Hähnli	kleiner Hahn
hän	haben
heb	halten; habe
hecher, Hechi, Hechste	höher, Höhe, Höchster
hene un dene	hüben und drüben
heimezuas	heimwärts
herbste	Trauben ernten
here	hören
hesch	hast du
hiate	hüten
hiile	heulen
Hiisli	Häuschen
hinteri, hinterschi	nach hinten, rückwärts
hitzetag, hit	heutzutage, heute
Hitte	Hütte, Hütten
Hüch	Hauch
hüffe, e hüffe Sache	viel, viele Sachen
Hüs	Haus

iber, Ibermuat	über, Übermut
iberlege	überlegen
iberrumple	überrumpeln
ibrig	übrig
Ifahrt	Einfahrt, Tor
igschlofe	eingeschlafen
Iis	Eis
iisig	eisig
is	uns
isch, ischs	ist, ist es
jingst	jüngst
jo	ja
Johr	Jahr
Johrtoisert	Jahrtausend
ka	kann
kei	keine
kennt	könnte; kennen
Kepfli	Köpfchen
kneit	kniet
Kruag, Kriagli	Krug, Krüglein
kruschtle	suchen, aufräumen
Kuchi, Kuchikänsterli	Küche, Küchenschrank
küm	kaum
kumm, kumm ri	komm, komme herein
kunnt	kommt
leichte	leuchten
len	lassen, laßt
liab, Liabi	lieb, Liebe
Liacht, z Liacht gange	Licht, Lichtgang (Abendbesuch)
Lib	Leib
Lide, lide	Leiden, leiden
liisli	leise
lit	liegt
Lit	Leute
lite	läuten
luage	schauen
luck	locker
lupfe	lüpfen, heben
lüürt	lauert
lüt, lüter	laut, lauter

Maidli, Maidili	Mädchen, kleines Mädchen
mänks, mänki	manches, manche
Matte; Matte na	Wiese; vergangen, überholt
mechte	möchten
meglig	möglich
meh	mehr
mr	wir, man
miad	müde
Miaih	Mühe
miaße	müssen
miseel	meinerseel
mol, emol	mal, einmal
Monet	Monat
morn	morgen
muasch	mußt
Muat, muatig	Mut, mutig
Müre, Mürer	Mauer, Maurer
nabi	hinab
Näst	Äste
natirlig	natürlich
Nechi	Nähe
nei	neu
niames	niemand
nianers	nirgends, nirgendwo
nii	hinein
niber	hinüber
nimmi	nicht mehr
nit	nichts
no	noch
nonit, nonig	noch nicht
nooch	nahe
necher	näher
Nost	Ast
notsno	nach und nach
obedruf	obendrauf
Odem	Atem
rabi	herab
Rotwi, Rote	Rotwein
Ruaih	Ruhe

ruaihig	ruhig
rumluage	herumsehen
rüssrisse	herausreißen
s	das, es
saaie	säen
sait	sagt
sellemols	früher, damals
selli	jene
sin	sind
sinis, hän sinis	sie uns, haben Sie uns
Sind	Sünde
siterher, siterem	seither, seit dem
Sunne	Sonne
sott	sollte
spot, speter	spät, später
Sproch	Sprache
suache	suchen
sugtil, subtil	vorsichtig, gewandt
sunderbar	sonderbar
scheen	schön
scheniart	geniert
schiaße	schießen
schint, schints	scheint, scheinbar
Schissili	kleine Schlüssel, Tasse
schlet	schlägt
schnüfe	schnaufen
schwiige	schweigen
schritte	schreiten
Staüb	Staub
Stibli	kleine Stube
Stickli	Stücklein
stihlsch	stiehlst du
Stindli	knappe Stunde
Straüh	Stroh
Stritt	Streit
stüne	staunen
Täfili	kleine Tafel
Taifi, taife	Taufe, taufen
tätsch	würdest du
tiaf, Tiafi	tief, Tiefe
Tiar, Tiarli	Tier, Tierlein

Tire	Türe
toisert	tausend
trait	trägt
Traüm, traime	Traum, träumen
Trepfli	Tröpfchen
tribe, tribt	treiben, treibt
Tribel, Tribili	Traube, kleine Traube
trei	treu
Trimmer	Trümmer
troit	traut, getraut
tua, tuasch	tun, tust du
ufgschnüft	aufgeatmet
ufhere	aufhören
ufstoh	aufstehen
umenander	umher
unbegriflig	unbegreiflich
Unkel	Onkel
üs	aus
üsschitte	ausschütten
üsgliche	ausgleichen
üsziage	ausziehen
verbeikumme, verbei	vorbeikommen, vorbei
verboie	verbauen
verdiant	verdient
verfrore, verfrorni	verfroren, verfrorene
verheie	kaputtgehen
Vernumpft	Vernunft
versait	versagt
verstoh	verstehen
vertlaüfe	fortlaufen, fliehen
Vertroie, vertroilig	Vertrauen, vertraulich
verwaiht	verweht
verzelle	erzählen
viri, virschi	vorwärts
vu, vum, vun	von, vom
wacklig	wackelig, unsicher
waisch	weißt du
wän	wollen
Wänd	Wände
well	weil, auch welches

welle	wollen
Werchtig	Werktag
were	werden
Wi	Wein
wigrian	weingrün, den Wein mögen
Wili	Weile
Winsch	Wünsche
wirkli	wirklich
wit, witer	weit, weiter
witt	willst
wumsle	kribbeln, wimmeln
wu	wo
wuselig	lebendig, beweglich
zegere	zögern
zelle	zählen
ziage	ziehen
ziare	zieren
zinde	zünden
Zit, Zitvertrib	Zeit, Zeitvertreib
zfride	zufrieden
zitig	reif
zmols	auf einmal
z Obe	am Abend
zsämme	zusammen
zuaghorcht	zugehört
Zwee, Zwoo, Zwei	Zahl zwei für männl., weibl., sächl.
zweg, zwegbringe	zuweg, zuwegbringen
Zwiifel	Zweifel
Zwisproch	Zwiesprache